Mosaik

Köstliche Kartoffelküche

Die schönsten Rezepte für jede Jahreszeit

Mosaik Verlag

Bildnachweis:

Peter Pleischl: S. 8/9, 28/29, 48/49, 76/77; Tony Stone/John Warden: S. 104/105

Mosaik Archiv/Michael Brauner: S. 3, 15, 21, 32, 36, 39, 53, 57, 67, 68, 81, 87, 113, 123; Peter Eising: S. 79, 93; Rolf Feuz: S. 90; Volker Goldmann: S. 117; Ulrich Kerth: S. 114; Ansgar Pudenz: S. 31; Reiner Schmitz: S. 10, 16, 17, 23, 25, 27, 41, 43, 45, 47, 50, 58, 61, 63, 65, 66, 73, 74, 83, 84, 89, 99, 101, 107, 111, 119, 121, 125; Studio Teubner: S. 13, 35, 95.

Der Mosaik Verlag ist ein Unternehmen der Verlagsgruppe Bertelsmann

Redaktion: Heike Pressler, München
Layout: Peter Pleischl, München
DTP: Renate Dräger, München
Reproduktionen: Artilitho, Trento
Druck und Bindung: Alcione, Trento
Printed in Italy
ISBN 3-576-10677-4

Die Kartoffel stammt aus den südamerikanischen Anden, wo auch heute noch zahlreiche Arten wild vorkommen. Nach Europa gelangte sie Mitte des 16. Jahrhunderts. Allerdings wurde sie zunächst, auch wenn sie damals schon Hauptnahrungsmittel der spanischen Seefahrer war, wegen ihrer hübschen Blüten und Blätter als Zierpflanze gezogen. In Deutschland war sie bereits seit 1621 bekannt, doch erst Friedrich der Große erkannte den Wert der unterirdischen Knolle als Nahrungsmittel und förderte den Anbau in Deutschland. Die Bezeichnung Kartoffel leitet sich übrigens vom italienischen »tartuffolo« ab, da ihre Entdecker sie mit einer Art Trüffel verglichen.

Kartoffeln liefern dem Körper zahlreiche wertvolle Vitamine, Nähr- und Faserstoffe und sind für eine ausgewogene Ernährung unerläßlich. Sie bestehen zu 75 Prozent aus Wasser, daneben ist Stärke – je nach Sorte bis zu 20 Prozent – ihr größter Bestandteil. Mit ihren etwa 1,8 Prozent Eiweiß sind sie ein wichtiger Eiweißlieferant; gerade bei einer fleischlosen Ernährung sollte man daher darauf achten, Kartoffeln regelmäßig zu verzehren. Neben Calcium, Kalium und Magnesium versorgen sie uns auch mit den Vitaminen B1, B2, B6, C, Niacin, Pantothensäure und K. Sehr zu Unrecht waren Kartoffeln lange als Dickmacher der Nation verschrien. Ihr Fettgehalt ist vernachlässigbar, und mit 75 Kilokalorien pro 100 Gramm liegt es einzig an der Zubereitungsart, ob sie dick machen. Durch ihre gesunden Inhaltsstoffe und die vielen Varianten, in denen man sie auf den Tisch bringen kann, sind sie wichtig als Grundlage für die verschiedensten Diäten.

Kartoffeln unterscheiden sich nicht nur nach Sorten, sondern auch nach ihrem Stärkegehalt, der für ihre Kocheigenschaft maßgebend ist. Je früher die Kartoffeln geerntet werden, desto geringer ist ihr Stärkegehalt, d.h. sie bleiben beim Kochen fest. Erst die mittelspäten bis späten Sorten speichern während der Sommermonate so viel Stärke, daß sie bei der Zubereitung mehlig werden. Festkochende Kartoffeln, z. B. Cilena, Nicola oder Selma, sind besonders gut für Kartoffelsalat. Wer Kartoffeln mit Biß liebt, bereitet aus ihnen auch Gratins, Brat- oder Pellkartoffeln. Vorwiegend festkochende Kartoffeln, z.B. Hela, Gloria, Carola oder Berolina, haben einen mittleren Stärkegehalt und sind ebenfalls für Kartoffelsalat und Pellkartoffeln geeignet sowie für Pommes frites, Bratkartoffeln und Rösti. Mehligkochende Kartoffeln, z.B. Bintje, Irmgard, Aula oder Saturna, sind ideal für Folienkartoffeln, Suppen, Pürees, Kartoffelklöße und -teige.

Die wertvollen Inhaltsstoffe der Kartoffel bleiben am besten erhalten, wenn sie in der Schale gekocht, gebacken oder gegrillt werden. Das bietet sich natürlich besonders bei den dünnschaligen Frühkartoffeln an, die man in der Regel nur gründlich abbürsten muß. Pellkartoffeln bereiten Sie am besten in einem Dämpftopf zu; durch das Garen im heißen Dampf bleibt der Vitamin- und Mineralstoffgehalt weitgehend erhalten. Zum Schälen von Kartoffeln sollten Sie unbedingt einen Sparschäler verwenden. Schälen Sie Kartoffeln erst unmittelbar vor dem Garen. Liegen geschälte Kartoffeln zu lange im Wasser, wird ein großer Teil der wasserlöslichen Vitamine ausgeschwemmt; auch mit der Luft sollten geschälte Kartoffeln möglichst wenig in Berührung kommen, da die durch die Verbindung mit Sauerstoff einsetzenden Oxydationsvorgänge das Vitamin C zerstören.

Die folgenden Rezepte geben Ihnen viele Anregungen für leckere Kartoffelgerichte, die besonders gut mit der jeweiligen Jahreszeit harmonieren.

Frühling

Wenn nach den langen Wintermonaten ab Mitte März verstärkt die ersten Frühkartoffeln etwa aus Zypern, Marokko oder Ägypten auf den Markt kommen, wissen wir, der Frühling naht. Und mit ihm kommt die Zeit für buntgemischte Kartoffelsalate, frische Kräuter und bald dem ersten Spargel, zu dem neue Kartoffeln ganz wunderbar harmonieren. Das ist aber auch die Jahreszeit, wo der Winterspeck wieder weg muß. Probieren Sie dazu einmal ein Wochenende unsere Kartoffeldiät.

Kartoffel-Gurken-Salat

- *Für 4 Personen*
- *Pro Portion: 270 kcal*

1 kg festkochende Kartoffeln
Salz
1 große Salatgurke
2 Zwiebeln
5 EL Essig
weißer Pfeffer
1 Prise Zucker
je 1 Bund Petersilie und Dill
125 g saure Sahne

ZUM GARNIEREN
4 Stengel Dill

1 Kartoffeln unter fließendem Wasser abbürsten. In einen Topf mit kaltem Wasser geben. Salzen. Vom Kochen an in 25–30 Minuten garen.

2 In der Zwischenzeit die Salatgurke waschen und abtrocknen. Ungeschält in dünne Scheiben schneiden. Zwiebeln schälen und fein hacken. Mit den Gurkenscheiben (einige Scheiben zum Garnieren zurücklassen) in eine Schüssel geben.

3 Die Kartoffeln abgießen. Abschrecken, abziehen und abkühlen lassen. In gleichmäßige, $^1/_2$ cm dicke Scheiben schneiden. In eine Schüssel geben. Lauwarm mit Essig beträufeln, Salz, Pfeffer und Zucker darüberstreuen und 10 Minuten ziehen lassen.

4 In der Zwischenzeit Petersilie und Dill unter kaltem Wasser abbrausen, mit Küchenpapier trockentupfen und fein hacken. Saure Sahne verquirlen, Kräuter zugeben und über die Gurken gießen. Kartoffelscheiben untermischen.

5 Den Salat zugedeckt 20 Minuten im Kühlschrank ziehen lassen. Eventuell mit Salz und Pfeffer abschmecken. In eine Glasschüssel füllen. Mit dem gewaschenen Dill und den zurückgelassenen Gurkenscheiben garniert servieren.

Abbildung siehe oben

Schlesischer Kartoffelsalat

- *Für 4 Personen*
- *Pro Portion: 440 kcal*

2 ausgenommene Salzheringe
1 kg festkochende Kartoffeln
1 säuerlicher Apfel
2 Gewürzgurken
1/8 l heiße Fleischbrühe
4 EL Weinessig
Salz
weißer Pfeffer
1 Prise Zucker
100 g durchwachsener Speck
1 Zwiebel

1 Heringe über Nacht in kaltes Wasser legen, damit das überschüssige Salz ausziehen kann.

2 Kartoffeln abbürsten. In einem Topf mit Wasser bedeckt 25–30 Minuten kochen. Abgießen, abschrecken und abziehen. In 1/2 cm dicke Scheiben schneiden.

3 Heringsköpfe abschneiden. Haut und Mittelgräte entfernen. Filets unter kaltem Wasser abspülen. Trockentupfen. Apfel schälen, vierteln und entkernen. Heringsfilets, Apfel und Gewürzgurken in 1/2 cm dicke, 3 cm lange Streifen schneiden. Zu den Kartoffeln geben. Fleischbrühe über die Kartoffeln gießen. Erkalten lassen.

4 Weinessig, Salz, Pfeffer und Zucker mischen, über den Salat gießen. Mischen und 60 Minuten zugedeckt im Kühlschrank durchziehen lassen.

5 Inzwischen Speck in Würfel schneiden. Zwiebel schälen und fein hacken. Speck in einer Pfanne auslassen. Zwiebel dazugeben und goldgelb rösten. Vor dem Servieren heiß über den Salat gießen. Schlesischen Kartoffelsalat warm oder kalt servieren.

Kartoffelsalat mit Räucherlachs

500 g festkochende Kartoffeln
Salz

FÜR DIE MARINADE
6 EL Mayonnaise (120 g)
175 g Joghurt
Saft von 1 Zitrone
4 EL Essig
Salz
weißer Pfeffer
1 Prise Zucker
2 EL geriebener Meerrettich

AUSSERDEM
1 saurer Apfel
1 Gewürzgurke
1 grüne Paprikaschote
100 g Räucherlachs
1 kleines Glas Perlzwiebeln
1 große Zwiebel

ZUM GARNIEREN
½ Kästchen Kresse

- *Für 4–6 Personen*
- *Pro Portion: 525 kcal*

1 Kartoffeln unter fließendem Wasser abbürsten. In einen Topf geben, mit gesalzenem Wasser bedeckt 25–30 Minuten kochen.

2 In der Zwischenzeit für die Marinade Mayonnaise und Joghurt in einer Schüssel mischen. Mit Zitronensaft, Essig, Salz, Pfeffer, Zucker und Meerrettich pikant abschmecken.

3 Apfel schälen, vierteln und Kerngehäuse herausschneiden. Apfel und Gurke fein würfeln. Paprikaschote putzen, waschen, in 1 cm große Stücke schneiden. Räucherlachs ebenfalls in 1–2 cm große Stücke schneiden. Perlzwiebeln auf einem Sieb abtropfen lassen und halbieren. Zwiebel schälen, fein hacken. Alles in eine große Schüssel geben.

4 Kartoffeln abgießen, abschrecken und abkühlen lassen. Kartoffeln pellen und in ½ cm dicke Scheiben schneiden. Zu den anderen Zutaten in eine Schüssel geben. Mit Marinade begießen und alles vorsichtig mischen.

5 Den Salat 30 Minuten im Kühlschrank durchziehen lassen. Dann mit Salz und Pfeffer nachwürzen. Kresse unter fließendem Wasser abbrausen. Mit einem scharfen Messer kleine Sträußchen abschneiden und den Salat damit garnieren.

Bunter Kartoffelsalat

- *Für 4-6 Personen*
- *Pro Portion: 280 kcal*

500 g festkochende Kartoffeln
je 1 gelbe und rote Paprikaschote
4 kleine Zwiebeln
1 kleine Zucchini
2 vollreife Fleischtomaten
1–2 Knoblauchzehen, gehackt
je 1 Zweig Thymian und Rosmarin
Salz
schwarzer Pfeffer
6 EL trockener Weißwein
6 EL Olivenöl
Saft von 1 Zitrone
½ Bund Petersilie

1 Kartoffeln schälen, waschen und in etwa 3 cm große Würfel schneiden. Die Paprikaschoten halbieren, Stengelansätze und Samenkerne entfernen, waschen und ebenfalls in 3 cm große Streifen schneiden. Die geschälten Zwiebeln vierteln, die gewaschene Zucchini ohne Stengel- und Blütenansatz in ½ cm dicke Scheiben schneiden.

2 Kartoffeln, Paprika und Zucchini in eine große, flache Auflaufform geben, Knoblauch und Kräuter daruntermischen und mit Salz und Pfeffer würzen. Mit Wein und Olivenöl begießen und nochmals mischen. Zugedeckt im vorgeheizten Backofen bei 220 Grad etwa 45 Minuten garen, dabei gelegentlich umrühren.

3 Die Tomaten kreuzförmig einschneiden und mit kochendem Wasser überbrühen. Anschließend häuten, halbieren und ohne Stengelansätze und Kerne in etwa 2 cm große Würfel teilen. Nach 20 Minuten zusammen mit den Zucchinischeiben unter das Gemüse mischen.

4 Das gekochte Gemüse mit Zitronensaft und bei Bedarf mit Salz und Pfeffer abschmecken. Die gehackte Petersilie untermischen. Den Salat etwas abkühlen lassen. *Abbildung siehe oben*

Kressesuppe

1 Bund Brunnenkresse
1 Stange Porree
3 EL Butter
3 mehligkochende Kartoffeln
1 l Geflügelfond
oder Hühnerbrühe
2 Scheiben Toastbrot
Pfeffer
Salz
150 g Crème fraîche

- *Für 4 Personen*
- *Pro Portion: 320 kcal*

1 Die Brunnenkresse waschen, Blätter und Stengel getrennt hacken. Vom Porree nur die weißen Teile putzen, waschen und in Ringe schneiden.

2 Die Hälfte der Butter in einer Kasserolle schmelzen und die gehackten Kressestengel mit den Porreeringen darin sanft dünsten.

3 Die Kartoffeln schälen und klein würfeln. In die Kasserolle geben, Fond oder Brühe angießen und zugedeckt mindestens 30 Minuten köcheln lassen. Dabei gelegentlich umrühren.

4 Die gehackten Kresseblätter in einem Löffel heißer Butter leise schmoren.

5 Die Brotscheiben entrinden, in Würfel schneiden und mit der restlichen Butter in einem Pfännchen knusprig braten.

6 Die Suppe durch ein feines Sieb streichen oder im Mixer pürieren und mit Pfeffer und Salz abschmecken. Erneut erwärmen, die geschmorten Kresseblätter unterziehen und mit der Crème fraîche kurz aufkochen.

7 Auf Suppentassen oder -teller verteilen, mit den heißen Croûtons bestreuen und sofort servieren.

Spargel-Kartoffel-Suppe mit Krabben

- *Für 4 Personen*
- *Pro Portion: 302 kcal*

250 g grüner Spargel
250 g mehligkochende Kartoffeln
1/2 l Hühnerbrühe
1/2 l Wasser
Salz
4 EL Sahne
schwarzer Pfeffer
100 g Krabben
20 g Butter

ZUM GARNIEREN
4 Stengel Dill

1 Die Spargelstangen waschen und mit einem Küchenmesser oder einem Spargelschäler am unteren Ende schälen. In Stücke schneiden, dabei die Spargelköpfe abschneiden. Die Kartoffeln waschen, schälen und in Würfel schneiden.

2 Hühnerbrühe und Wasser vermischen, die Kartoffel- und Spargelstücke hineingeben, salzen und in etwa 15–20 Minuten weich kochen. Nach etwa 10 Minuten die Spargelköpfe wieder herausfischen.

3 Die Suppe mit der Sahne im Mixer fein pürieren und mit Salz und frischgemahlenem Pfeffer abschmecken. Zurück in den Topf gießen und noch einmal erhitzen.

4 Die Krabben und die Spargelköpfe in der erhitzten Butter erwärmen.

5 Die Suppe auf vier Teller verteilen, jeweils in die Mitte einige Krabben und Spargelspitzen geben und mit Dill garnieren.

Grüne Kartoffelsuppe

600 g mehligkochende Kartoffeln
1 Zwiebel
40 g Margarine
2 Möhren
1/2 Sellerieknolle
2 Stangen Porree
1 1/2 l heißes Wasser
Salz
weißer Pfeffer
2 Lorbeerblätter
4 Gewürzkörner
2 Bund Petersilie
125 g Sahne

- *Für 4 Personen*
- *Pro Portion: 345 kcal*

1 Kartoffeln schälen, waschen und würfeln. Zwiebel schälen und würfeln. Margarine in einem Topf erhitzen. Zwiebel darin glasig werden lassen.

2 Möhren, Sellerieknolle und Porree putzen, waschen, trockentupfen und würfeln. In den Topf geben und unter Rühren 5 Minuten mitbraten. Heißes Wasser angießen. Kartoffelwürfel hineingeben, salzen und pfeffern. Lorbeerblätter und Gewürzkörner zugeben. Einmal aufkochen. Bei gleichmäßiger Mittelhitze in 20 Minuten gar kochen.

3 Suppe durch ein Sieb passieren. Wieder in den Topf geben. Petersilie waschen, trockentupfen und hacken. Sahne mit der Petersilie in die Suppe rühren. Vom Herd nehmen und servieren.

Frischkäsepüree

250 g mehligkochende Kartoffeln
20 g Butter
6 EL Milch
50 g Hüttenkäse
Salz
Muskat

- *Für 1 Person*
- *Pro Portion: 360 kcal*

1 Die Kartoffeln gründlich waschen, in der Schale kochen, heiß pellen und zerdrücken oder durch ein Sieb passieren.

2 Butter in einem Topf zergehen lassen, den Hüttenkäse dazugeben und mit der Gabel zerkleinern.

3 Die Kartoffelmasse und die Milch hinzufügen und mit dem Mixer cremig rühren. Mit Salz und Muskat abschmecken, noch einmal aufkochen lassen und sofort auftragen.

Frühlingssalat

1 große festkochende Kartoffel
1 Orange
2 Tomaten
1 Zwiebel
1 Staude Chicorée
2 TL Zitronensaft
Salz
Pfeffer
1/2 Becher fettarmer Joghurt
2 TL Tomatenketchup
1 TL Zucker
25 g gekochter Schinken

- *Für 1 Person*
- *Pro Portion: 303 kcal*

1 Kartoffel in der Schale weich kochen. Nach dem Abkühlen pellen und in Scheiben schneiden.

2 Orange, Tomaten, Zwiebel und Chicorée ebenfalls in Scheiben schneiden.

3 Mit der Kartoffel scheibchenweise in einer Schüssel anrichten. Mit dem Zitronensaft, Salz und etwas Pfeffer würzen. Ziehen lassen.

4 Joghurt, Ketchup und Zucker vermischen und über die Kartoffel-Gemüse-Scheiben gießen. Den Schinken würfeln und darüberstreuen.

Fenchelcremesuppe

1 große festkochende Kartoffel
1 Zwiebel
1 Fenchelknolle
300 ml Gemüse- oder Fleischbrühe
1 Ei
Pfeffer
Muskat

- *Für 1 Person*
- *Pro Portion: 257 kcal*

1 Die Kartoffel schälen, die Zwiebel und die Fenchelknolle säubern, alles in 1 cm große Würfel schneiden. Mit der Brühe in einen Topf geben und 25 Minuten dünsten.

2 Das rohe Ei in einen Mixer geben, kurz verrühren. Die Hälfte des bereits gegarten Gemüses aus der Brühe holen, dazugeben und ebenfalls pürieren.

3 Die cremige Masse zurück zu den Kartoffel-Gemüse-Würfeln in den Topf füllen, erwärmen, aber nicht mehr kochen lassen. Eventuell noch etwas Brühe dazugießen. Mit Pfeffer und Muskat abschmecken. Schmeckt kalt und warm.

Kartoffel-Tomaten-Salat

2 mittelgroße festkochende Kartoffeln
1 Ei
3 Tomaten
1/2 Fenchelknolle
2 Sardellenfilets
25 g magerer gekochter Schinken
1/2 Zwiebel
2 EL gehackte Petersilie
1 TL Kapern, Pfeffer
1 EL Obstessig
1 TL Öl

- *Für 1 Person*
- *Pro Portion: 450 kcal*

1 Die Kartoffeln in der Schale garen, pellen. Das Ei hartkochen.

2 Die Kartoffeln, das Ei, die Tomaten und die Fenchelknolle in gleich dicke Scheiben schneiden.

3 Die Sardellenfilets in kleine Stückchen und den Schinken in Streifen schneiden, die Zwiebel würfeln und die Petersilie fein hacken.

4 Alles zusammen in einer Schüssel durchmischen. Die Kapern darüberstreuen. Pfeffern und zum Schluß Essig und Öl darübergießen.

Majoransuppe

1 mehligkochende Kartoffel
1/2 Bund Suppengemüse
1/2 TL Majoran
1 Msp. Kümmel
Lorbeerblatt
10 g Butter
1/2 Zwiebel
30 g Champignons
1 TL Mehl
etwas abgeriebene Zitronenschale
Salz
Pfeffer
nach Geschmack Knoblauch
1 EL gehackte Petersilie

- *Für 1 Person*
- *Pro Portion: 202 kcal*

1 Die Kartoffeln schälen und mit dem Suppengemüse würfeln. In einen Topf mit 2 Tassen Wasser geben und zum Kochen bringen. Würzen und etwa 30 Minuten lang garen.

2 Die Zwiebel würfeln, in einem zweiten Topf oder einer hohen Pfanne die Butter heiß werden lassen und die Zwiebelwürfel mit den kleingeschnittenen Pilzen glasig dünsten, mit Mehl bestäuben und gemeinsam bräunen lassen.

3 Die Suppe samt Kartoffeln und Gemüse dazugießen, etwas Zitronenschale hinzufügen und 3 Minuten durchkochen. Mit Salz, Pfeffer und eventuell Knoblauch abschmecken. Vor dem Servieren die Suppe mit gehackter Petersilie bestreuen.

Kartoffelspieß

3 mittelgroße mehligkochende Kartoffeln
Salz
Pfeffer
60 g magerer Räucherschinken
Edelsüßpaprika
200 g große Zwiebeln
Kümmel
1 EL Butter

- *Für 1 Person*
- *Pro Portion: 500 kcal*

1 Kartoffeln in der Schale sauber bürsten, abspülen und in 1/2 cm dicke Scheiben schneiden. Trockentupfen und nebeneinander auslegen. Wenig salzen und pfeffern.

2 Schinken in dünne, etwa gleich große Stücke schneiden. Mit Paprikapulver würzen.

3 Die Zwiebeln schälen, in dünne Scheiben schneiden und mit wenig Kümmel bestreuen.

4 Die Scheiben abwechselnd auf Spießchen stekken, jeweils mit einer Kartoffelscheibe anfangen und aufhören.

5 Mit flüssiger Butter bepinseln, jeden Spieß fest in Alufolie packen und im vorgeheizten Backofen bei 250 Grad auf einem Bratrost 30–35 Minuten knackig backen. *Abbildung siehe oben*

Tofubratlinge

200 g Grünkern
400 ml Wasser
100 g Tofu
2 Kartoffeln
1/2 Zucchini
1 Bund gemischte Kräuter
1 Ei
2 EL Mehl
Salz
Pfeffer
Worcestersauce
2 EL Butterschmalz zum Braten

- *Für 4 Personen*
- *Pro Portion: 375 kcal*

1 Den Grünkern mittelfein mahlen und 1 Stunde in Wasser ausquellen lassen. Das Wasser sollte ganz aufgesogen sein.

2 Den Tofu in kleine Würfel schneiden, die Kartoffeln auf der Rohkostscheibe fein raffeln und gut abtropfen lassen.

3 Zucchini in feine Streifen schneiden; die Kräuter hacken.

4 Alle vorbereiteten Zutaten miteinander vermischen. Das Ei verquirlen und untermischen. So viel Mehl hinzufügen, bis die Masse bindet und sich gut Bratlinge formen lassen. Die Mischung mit Salz, Pfeffer und und einigen Spritzern Worcestersauce abschmecken.

5 Bratlinge daraus formen und diese in der Pfanne in heißem Schmalz auf beiden Seiten goldbraun braten.
Mit gedünstetem Sauerkraut oder jungem Wirsing servieren. *Abbildung siehe links*

Schmorkartoffeln mit Joghurt

1 kg kleine festkochende Kartoffeln
100 g Sesamöl, Salz
schwarzer Pfeffer
600 g Naturjoghurt (3,5 % Fett)
1 EL Kreuzkümmel
1 EL zerstoßene Korianderkörner
3 EL Kokosflocken
2 EL grob gehackte, geschälte Mandeln
8 Knoblauchzehen
2 kleine Zwiebeln
3 frische grüne Pfefferschoten
Butter für die Form
1 EL zerstampfte Kardamomsamen
1 EL Kurkuma

GARNIERUNG
1 kleine Salatgurke
1 Bund glatte Petersilie

- *Für 4 Personen*
- *Pro Portion: 610 kcal*

1 Die Kartoffeln waschen schälen und halbieren. Das Öl erhitzen und die Kartoffeln darin rundherum goldbraun anrösten. Leicht salzen. Herausnehmen und mit der Hälfte des Joghurts übergießen. Zugedeckt ruhenlassen.
2 In dem Bratenfett die Gewürze, Kokosflocken, Mandeln, abgezogenen und gehackten Knoblauch und Zwiebeln andünsten. Pfefferschoten waschen, längs halbieren und entkernen. Die Früchte in schmale Streifen schneiden und zu der Gewürzmischung geben.
3 Die Kartoffeln auf der gut ausgefetteten Fettauffangpfanne des Backofens verteilen. Mit der Gewürzmischung überstreuen. Den restlichen Joghurt mit Kardamom und Kurkuma verquirlen, darüberziehen und im vorgeheizten Backofen auf der mittleren Schiene bei 180 Grad 60 Minuten schmoren.
4 Inzwischen die Gurke dünn schälen, der Länge nach halbieren und entkernen. Das Fruchtfleisch in sehr kleine Würfel schneiden. Die Petersilie waschen trockenschwenken und fein hacken. Beides kurz vor dem Servieren über die Kartoffeln streuen.

Kräuterquarkterrine mit Pellkartoffeln

8–10 Blatt weiße Gelatine
125 g Sahne
500 g Quark
8 mittelgroße Radieschen
100 g junger Rettich
1 Bund Schnittlauch
1 Handvoll frischer Kerbel
5–6 Borretschblätter
1 Bund glatte Petersilie
Saft von 1 Zitrone
Salz
weißer Pfeffer
500 g kleine festkochende Kartoffeln
1 TL Kümmel
Petersilienblätter

- *Für 4 Personen*
- *Pro Portion: 290 kcal*

1 Die Gelatine in kaltem Wasser einweichen. Die Sahne erwärmen und die ausgedrückte Gelatine darin auflösen.

2 Etwas Quark mit der Sahne vermischen, glattrühren und zum restlichen Quark geben.

3 Radieschen und Rettich waschen, beides klein würfeln. Den Schnittlauch fein schneiden, die übrigen Kräuter hacken. Alles unter die Quarkmasse mischen und mit Zitronensaft, Salz und Pfeffer herzhaft abschmecken. In kleine, runde Förmchen oder eine längliche Terrinenform (ca. 18 cm) füllen und mit Sichtfolie bedeckt im Kühlschrank in etwa 3 Stunden erstarren lassen.

4 Die Kartoffeln gründlich abbürsten, waschen und in Salzwasser mit Kümmel gar kochen. Das Wasser abgießen, die Kartoffeln abdampfen lassen und die Terrine auf Teller stürzen oder in Scheiben schneiden. Mit Petersilienblättern dekorieren.

Kartoffel-Käse-Omelett

375 g vorwiegend festkochende Kartoffeln
60 g Margarine
80 g Emmentaler
1 Bund Petersilie
8 Eier
Salz
weißer Pfeffer

- *Für 4 Personen*
- *Pro Portion: 435 kcal*

1 Kartoffeln schälen, waschen und in etwa 1 cm große Würfel schneiden. Zwei Drittel der Butter in einer Pfanne erhitzen. Kartoffelwürfel hineingeben. Zugedeckt bei schwacher Hitze 10 Minuten ohne Deckel garen.

2 In der Zwischenzeit Käse in kleine dünne Scheiben schneiden. Petersilie abspülen, trockentupfen und hacken. Eier in einer Schüssel mit einer Gabel leicht verschlagen. Mit Salz und Pfeffer würzen. Kartoffeln und Käsescheiben untermischen.

3 Restliche Butter in einer Pfanne erhitzen. Ein Viertel der Omelettmasse hineingeben. Bei mäßiger Hitze 4 Minuten braten. Omelett flach auf einen vorgewärmten Teller gleiten lassen. Mit Petersilie bestreuen und warm stellen. Nacheinander 3 weitere Omeletts backen. Dazu Feldsalat in Kräuter- oder Joghurtmarinade reichen.

Tortilla mit wildem Spargel

500 g wilder Spargel (ersatzweise grüner Spargel)
250 g kleine festkochende Kartoffeln
5 EL Öl, Salz
8 Eier
schwarzer Pfeffer
20 g Butter

- *Für 4 Personen*
- *Pro Portion: 430 kcal*

1 Den Spargel waschen und die unteren, holzigen Enden entfernen. Grünen Spargel am unteren Teil schälen und die Stangen in 1–2 cm lange Stücke schneiden. Die Kartoffeln ebenfalls schälen, waschen und in dünne Scheiben schneiden.

2 4 Eßlöffel Öl in einer großen, am besten beschichteten, Pfanne heiß werden lassen und die Spargelstücke sowie die Kartoffelscheiben darin anbraten. Wenig salzen und zugedeckt bißfest garen, dabei gelegentlich umrühren.

3 Eier verquirlen, mit Salz und frischgemahlenem Pfeffer würzen und über die Spargel-Kartoffel-Mischung gießen. So lange rühren, bis die Eimasse zu stocken beginnt. Anschließend zudecken und bei schwacher Hitze fest werden lassen. Die Tortilla mit Hilfe eines großen flachen Tellers wenden, das restliche Öl und die Butter in die Pfanne geben und auch die andere Seite goldbraun braten.
Abbildung siehe oben

Sommer

Kartoffeln mit der Schale zu rösten – das erinnert an Lagerfeuerromantik in der Jugend. Daß man Kartoffeln auf dem Grill oder im Backofen aber ganz vielfältig zubereiten kann, daß man auch einmal ein Sommerfest unter dem Motto Kartoffel veranstalten kann – das erfahren Sie in diesem Kapitel mit den passenden Rezepten. Natürlich haben wir auch für ein paar Desserts gesorgt, denn die sollten beim Gartenfest oder Kindergeburtstag nicht fehlen.

Kartoffel-Bohnen-Salat

600 g festkochende Kartoffeln
Salz
Kümmel
400 g frische Brechbohnen
frischgeriebene Muskatnuß
3 Tomaten
1 kleine Zwiebel
2 EL Remouladensauce
1 EL Sahne
1 TL Zitronensaft
1 Bund Schnittlauch

- *Für 4 Personen*
- *Pro Portion: 230 kcal*

1 Die Kartoffeln kräftig abbürsten und ungeschält in wenig Salzwasser mit reichlich Kümmel gewürzt etwa 25–30 Minuten garen.

2 Die Bohnen waschen, an den Enden kappen, entfädeln und in Stücke brechen. In wenig Salzwasser mit reichlich Muskat gewürzt etwa 20 Minuten garen, dann abgießen und abschrecken.

3 Die Tomaten waschen und in Spalten schneiden. Die Zwiebel schälen und fein hacken. Die Remouladensauce mit Sahne und Zitrone verquirlen.

4 Die Kartoffeln abgießen und noch heiß in nicht zu dünne Scheiben schneiden. Die Bohnen und die Tomatenspalten vorsichtig unterheben. Zwiebelwürfel und Schnittlauchröllchen darüberstreuen und alles mit der Sahnesauce begießen. Abschmecken und noch einmal vorsichtig mischen. Bis zum Servieren durchziehen lassen.

Bataviasalat mit gekochter Rinderbrust

8 kleine festkochende Kartoffeln
Kümmel
3 EL Öl
Salz
2 kleine Köpfe Bataviasalat

- *Für 4–6 Personen*
- *Pro Portion: 330 kcal*

1 Die Kartoffeln waschen und mit Kümmel im Kartoffeldämpfer garen. Kurz abdampfen lassen und die Haut abziehen. Das Öl in einer

beschichteten Pfanne erhitzen. Die Kartoffeln zugeben, salzen und rundum knusprig braten, dann warm stellen.

2 Den Salat putzen, waschen und in einem Salatsieb trockenschleudern. Die inneren, kleinen Blätter ganz lassen, die größeren in Streifen schneiden. Die Radieschen putzen, waschen und in feine Scheiben schneiden.

3 Für die Vinaigrette Salz, Essig, Brühe und Öl miteinander verquirlen. Die geputzten, gewaschenen Radieschen ganz fein hacken und untermischen. Salatstreifen, Radieschenscheiben und die gebratenen Kartoffeln getrennt in zwei Dritteln der Vinaigrette marinieren.

4 Vier Teller mit den ganz belassenen Salatblättern auslegen. Die marinierten Salatzutaten darauf anrichten, mit den Rinderbrustscheiben belegen und mit der restlichen Vinaigrette beträufeln.

Abbildung siehe unten

Möhrencremesuppe mit Speck und Lauch

1 kleine Zwiebel
2 EL Butter
500 g Möhren
200 g mehligkochende Kartoffeln
1 l Fleischbrühe
100 g Sahne
Salz
Pfeffer
Cayennepfeffer
Zitronensaft
1 kleine Stange Porree
50 g durchwachsener Speck
1 EL Öl

- *Für 4 Personen*
- *Pro Portion: 325 kcal*

1 Die Zwiebel schälen, fein hacken und in der Butter weich dünsten.

2 Die Möhren und die Kartoffeln schälen und klein würfeln, zufügen und 10 Minuten dünsten. Mit der Fleischbrühe aufgießen, die Sahne zufügen und 20 Minuten köcheln. Im Mixer pürieren.

3 Die Suppe mit Salz, Pfeffer, Cayennepfeffer und Zitronensaft abschmecken.

4 Den Porree putzen, waschen und in feine Ringe schneiden. Den Speck in schmale Streifen schneiden und in heißem Öl etwas ausbraten, den Porree kurz mitbraten. Die Suppe in Teller verteilen, in die Mitte jeweils etwas Speck und Porree geben. *Abbildung siehe rechts*

Bohnensuppe

500 g frische Stangenbohnen
250 g mehligkochende Kartoffeln
1 mittelgroße Möhre
1 große Zwiebel
100 g durchwachsener geräucherter Speck
250 g Schweinefleisch aus der Keule

- *Für 4 Personen*
- *Pro Portion: 325 kcal*

1 Bohnen an den Enden abknipsen. Falls nötig, entfädeln, dann schräg in Scheiben schneiden.

2 Kartoffeln schälen, Möhre schaben, beides waschen und in 1 cm große Würfel schneiden.

3 Die Zwiebel schälen und fein hacken, den Räucherspeck und das Schweinefleisch in ganz

2–3 Zweige Bohnenkraut
1 l Rindfleischbrühe (selbstgemacht oder aus Extrakt)
Salz
schwarzer Pfeffer
½ Bund Petersilie

kleine Würfel schneiden. Alles in einen großen Topf geben und ohne Fettzugabe kurz anrösten.

4 Gemüse und Kartoffelwürfel zugeben. Das Bohnenkraut hinzufügen und mit der Fleischbrühe begießen. Mit Salz und Pfeffer würzen.

5 Zugedeckt 40–45 Minuten kochen lassen, dabei zwischendurch einmal umrühren.

6 Die Petersilie hacken, unter die Suppe mischen und servieren.

Gebratener Hecht auf Kartoffeln

500 g mehligkochende Kartoffeln
2 Gemüsezwiebeln
1 Knoblauchzehe
Salz
weißer Pfeffer
6 EL Olivenöl
1 küchenfertiger Hecht (ca. 800 g)
Saft von 1/2 Zitrone
1 Bund Petersilie
1 Schalotte

- *Für 2–3 Personen*
- *Pro Portion: 655 kcal*

1 Die Kartoffeln waschen und schälen. Die Zwiebeln schälen, beides in sehr dünne Scheiben schneiden. Am besten geht das mit einem Gurkenhobel. Die Knoblauchzehe schälen und zerquetschen. Alles miteinander vermischen.

2 Eine längliche Auflaufform mit 4 Eßlöffeln Olivenöl ausgießen. Die Mischung darin wenden und auf der mittleren Schiene im vorgeheizten Backofen bei 200 Grad 25–30 Minuten hellgelb backen.

3 Währenddessen den Fisch waschen, trockentupfen, innen und außen mit Zitronensaft beträufeln und mit Salz und Pfeffer einreiben. Die Hälfte der gewaschenen Petersilie und die geschälte, in Viertel geschnittene Schalotte in die Bauchhöhle stecken.

4 Den Fisch auf die Kartoffel-Zwiebel-Mischung legen, mit dem restlichen Olivenöl beträufeln und auf der mittleren Schiene bei 180 Grad etwa 20–25 Minuten garen. Dabei den Fisch nach der Hälfte der Garzeit vorsichtig wenden.

5 Nach einer kurzen Ruhezeit mit der restlichen gehackten Petersilie bestreuen. Den Fisch gleich in der Form servieren.

Käse-Tomaten

400 g festkochende Kartoffeln
Salz
750 g Fleischtomaten
40 g Butter
1/8 l Fleisch- oder Gemüsebrühe
4 EL trockener Weißwein
schwarzer Pfeffer
400 g Münster Käse
2 EL Kümmelsamen

- *Für 4 Personen*
- *Pro Portion: 455 kcal*

1 Die Kartoffeln in Salzwasser gar kochen. Die Tomaten überbrühen, kalt abschrecken, häuten und die Stielansätze entfernen. In gleichmäßige Scheiben schneiden. Die Kartoffeln pellen und ebenfalls in Scheiben schneiden.

2 Eine flache feuerfeste Auflaufform mit der Butter dick ausstreichen, Tomaten- und Kartoffelscheiben einschichten. Die Brühe und den Wein angießen. Mit reichlich Pfeffer bestreuen.

3 Den Käse in Scheiben schneiden und auf den Tomaten verteilen. Mit dem Kümmel bestreuen und in den vorgeheizten Backofen auf die mittlere Einschubleiste geben. Bei 225 Grad 15–20 Minuten backen. Der Käse sollte schön zerlaufen sein.
Abbildung siehe links

Kartoffel-Tomaten-Pfanne

- 1 kg festkochende Kartoffeln
- Salz
- 100 g Schinkenspeck
- 2 Zwiebeln
- 40 g Margarine
- 8 Tomaten
- 1 Bund Schnittlauch
- 4 Eier
- weißer Pfeffer
- Paprika edelsüß
- 1 Msp. Majoran

- *Für 4 Personen*
- *Pro Portion: 450 kcal*

1 Am Vortag Kartoffeln waschen. In einem Topf mit gesalzenem Wasser bedeckt in 25–30 Minuten gar kochen. Abgießen, abschrecken und abziehen. Zugedeckt an einem kühlen Ort stehenlassen.

2 Am nächsten Tag Schinkenspeck in kleine Würfel schneiden. Zwiebeln schälen und ebenfalls würfeln.

3 Margarine in einer Pfanne erhitzen. Schinkenwürfel darin glasig braten. Zwiebeln zugeben. In 5 Minuten hellgelb braten.

4 Kartoffeln in Scheiben schneiden und in die Pfanne geben. In 15 Minuten hellbraun braten. Mit Salz bestreuen.

5 Tomaten häuten, Stengelansätze entfernen. Tomaten entkernen und kleinschneiden. Schnittlauch abspülen und trockentupfen. Fein schneiden. Eier mit Salz, Pfeffer, Paprika, Majoran und Schnittlauch verquirlen. Tomatenwürfel dazugeben.

6 Eimasse über die Kartoffelscheiben gießen. Zugedeckt bei mittlerer Hitze in 10 Minuten stocken lassen. Ab und zu den Rand lockern. Auf einer vorgewärmten Platte servieren.

Hausgemachte Aprikosenknödel

1 kg mehligkochende Kartoffeln
Salz
2 Eier
60 g Mehl
16 erntefrische Aprikosen
16 Stück Würfelzucker
200 g Semmelbrösel
125 g Butter
4 EL Puderzucker

- *Für 16 Stück*
- *Pro Stück: 55 kcal*

1 Die Kartoffeln schälen, würfeln und in Salzwasser gar kochen. Noch heiß zerstampfen, durch ein Sieb streichen. Die Eier untermengen, die Masse kneten und nach und nach ausreichend Mehl einarbeiten, so daß sich die Knödelmasse zu einer dicken Rolle formen läßt. Die Teigrolle in 16 Scheiben zerteilen.

2 Aprikosen halbieren. Steine entfernen und durch Würfelzucker ersetzen.

3 Hände unter fließendem Wasser anfeuchten. Eine Teigscheibe auf die Innenfläche einer Hand legen, mit den Fingerspitzen der anderen Hand flachpressen. In die Mitte des Teigs eine Aprikose setzen und die Hand schließen. Knödel rund formen. Ca. 16 Klöße zubereiten.

4 In einem großen Topf erneut leicht gesalzenes Wasser zum Kochen bringen. Hitze verringern. Alle Knödel auf einmal einlegen. Im geöffneten Topf bei geringer Wärmezufuhr 20 Minuten gar ziehen lassen (bis sie oben schwimmen).

5 Brösel in zerlassener Butter behutsam bräunen. Aprikosenknödel in der Pfanne darin wenden. Mit Puderzucker bestreut servieren.

Salat »im Kopf«

1 großer Kopfsalat
200 g festkochende Kartoffeln
Salz
4–6 EL Olivenöl
200 g junge Bohnen
200 g Zucchini
1 Bund Frühlingszwiebeln
2 Eier
2 EL Sahne
2–3 EL Weinessig
Pfeffer
1/2 Bund Schnittlauch
1/2 Bund Dill
2 Zweige Estragon

- *Für 4 Personen*
- *Pro Portion: 347 kcal*

1 Von dem Kopfsalat die harten Außenblätter mit dem Strunkansatz abtrennen. Dann die nächsten 6 Blätter auseinanderfalten und das Herz ausschneiden. Die so entstandene Salatschale waschen und abtropfen lassen. Das Herz vierteln, waschen, trockenschleudern und in 3 cm breite Streifen schneiden.

2 Die Kartoffeln waschen, in wenig Salzwasser garen, abgießen und heiß schälen. Anschließend in 1/2 cm dicke Scheiben schneiden. Mit 1 Löffel Olivenöl besprenkeln und durchziehen lassen.

3 Die Bohnen waschen, entfädeln, in 3 cm lange, schräge Stücke schneiden und 10 Minuten in wenig Salzwasser dünsten. Abgießen, mit 1/2 Löffel Olivenöl vermischen und ziehen lassen.

4 Die Zucchini waschen, Blüten- und Stielansatz abschneiden und die Zucchini in zentimeterdicke Scheiben schneiden. Mit 1 Löffel Olivenöl in einer Pfanne durchwenden und 5 Minuten andünsten.

5 Die Frühlingszwiebeln putzen. Wurzeln und Grün abschneiden, waschen und in schräge Rollen schneiden.

6 Die Eier hartkochen, schälen, halbieren und die Dotter auslösen. Eidotter und Sahne mit einer Gabel zerdrücken, 2–3 Löffel Olivenöl unterrühren. Mit Essig, Pfeffer und Salz nach Geschmack abschmecken.

7 Das Eiweiß mit den gewaschenen und gut abgetropften Kräutern hacken.

8 Die Salatstreifen, die Kartoffelscheiben, die Bohnen, Zucchini und Zwiebelstreifen mit der Eiweiß-Kräuter-Mischung in einer Salatschüssel behutsam vermengen.

9 Den »ausgehöhlten« Kopfsalat in einer großen Schale auseinanderfalten und die Gemüsemischung hineingeben, Mit der Eigelbmarinade beträufeln und 15 Minuten ziehen lassen.

Strohkartoffeln

1 kg große vorwiegend festkochende Kartoffeln
1,5 kg Kokosfett oder 2 l Öl zum Fritieren
Salz

- *Für 4 Personen*
- *Pro Portion: 265 kcal*

1 Kartoffeln waschen, schälen und nochmals abspülen. In strohhalmbreite, 5 cm lange Streifen schneiden. Auf Küchenpapier gut trocknen lassen.

2 Kokosfett oder Öl in der Friteuse auf 190 Grad erhitzen. Immer 1 Eßlöffel Strohkartoffeln auf einmal hineingeben. In 6 Minuten goldbraun backen.

3 Strohkartoffeln herausnehmen und gründlich abtropfen lassen. Salzen und warm stellen, bis alle ausgebacken sind. Sie können Strohkartoffeln auch mit Paprika edelsüß bestäuben und abends als Knabbergebäck reichen.

Pommes-Chips

1 kg vorwiegend festkochende Kartoffeln
1 l Öl oder 750 g Kokosfett zum Ausbacken
Salz
Paprika edelsüß

- *Für 4 Personen*
- *Pro Portion: 285 kcal*

1 Kartoffeln schälen, waschen, abtropfen lassen und in hauchdünne Scheiben schneiden. (Am besten mit einem Kartoffelschäler.) Scheiben auf Küchenpapier legen und trockentupfen.

2 Öl oder Kokosfett in einem Fritiertopf oder einer elektrischen Friteuse auf 160 Grad erhitzen.

3 Kartoffelscheiben in kleinen Portionen ins heiße Fett geben. In 1–2 Minuten hellgelb werden lassen. Mit einem Schaumlöffel herausnehmen (oder den Korb der Friteuse hochstellen). Zum Abtropfen auf ein mit Küchenpapier bedecktes Backblech legen.

4 Wenn alle Kartoffelscheiben vorgebräunt sind, das Fett 180 Grad erhitzen und die Kartoffeln portionsweise noch einmal 2–3 Minuzten hineingeben. Goldbraun und knusprig sind die Chips richtig.
5 Aus dem Fett nehmen, abtropfen lassen. In der Fettpfanne im vorgewärmten Backofen warm halten, bis alle Chips fertig sind. Unter Schütteln salzen und mit Paprika bestreuen. Sofort servieren. Als Beilage zum Aperitif reichen oder statt Kartoffeln zu kurzgebratenem oder gegrilltem Fleisch.

Kartoffelburger

8 große festkochende Kartoffeln
40 g Butter
16 Cocktail-Rostbratwürstchen
1 Gurke
400 g Paprikasalat (aus dem Glas)
1 Salatgurke

- *Für 4 Personen*
- *Pro Portion: 322 kcal*

1 Backofen auf 200 Grad vorheizen. Kartoffeln kräftig abbürsten, in der Schale einzeln in reichlich Alufolie wickeln und 1 Stunde backen.
2 Die Butter in einer Pfanne zergehen lassen und die Rostbratwürstchen bei mäßiger Hitzezufuhr gar und rundum braun werden lassen.
3 Kartoffeln aus der Folie nehmen, der Länge nach bis über die Mitte einschneiden und zum Füllen vorsichtig aufklappen. Die Gurke in Scheiben schneiden. Paprikasalat und Gurkenscheiben hineingeben und obenauf mit den Rostbratwürstchen garnieren.
4 Die Kartoffelburger wieder einzeln in Alufolie wickeln und im noch heißen Backofen erneut erhitzen. Die Kartoffelburger schmecken auch kalt vorzüglich.

Backblechkartoffeln mit dreierlei Füllung

12 große mehligkochende Kartoffeln
Öl zum Bestreichen

FÜR DIE QUARKFÜLLUNG
1 kleine Zwiebel
100 g Sahnequark
Salz, Pfeffer
1/2 Bund Schnittlauch

FÜR DIE FISCHFÜLLUNG
8 kleine Heringsfilets
40 g Butter
je 1 Zweig Estragon, Dill, Kerbel, Petersilie
1 Schalotte
Salz, etwas Zitronensaft

FÜR DIE KRABBENFÜLLUNG
40 g Butter
2 hartgekochte Eigelb
1/2 TL Senfmehl
100 g Krabben

- *Für 4 Personen*
- *Pro Portion: 545 kcal*

1 Kartoffeln sehr gründlich waschen. Mit Küchenpapier abtrocknen. Ausreichend große Alufolienstücke schneiden. Mit Öl bestreichen. Kartoffeln darin locker einwickeln.

2 Die Kartoffeln aufs Backblech legen. Im vorgeheizten Backofen bei 220 Grad 50–60 Minuten backen. Herausnehmen und die Folie aufklappen. Kartoffelschale blütenförmig aufklappen. Kartoffeln leicht aushöhlen, Füllungen darauf verteilen. Die bereiten Sie zu, während die Kartoffeln gar werden.

3 Quarkfülle: Gehackte Zwiebeln mit Sahnequark, Salz, Pfeffer und zerkleinertem Schnittlauch mischen.

4 Fischfülle: Heringsfilets rollen. In die Kartoffeln legen. An die Seiten Kräuterbutter verteilen. Dazu Butter mit gehackten Kräutern und Gewürzen gut verkneten.

5 Krabbenfülle: Butter mit zerdrücktem Eigelb und Senfmehl mischen. In die Kartoffeln füllen. Mit Krabben reichlich belegen.

Kartoffelhörnchen

250 g mehligkochende Kartoffeln
Salz
300 g Mehl
1 Päckchen Backpulver
100 g Zucker
1 Päckchen Vanillezucker
2 Eier
75 g Margarine
75 g geriebene Haselnüsse

AUSSERDEM
Mehl zum Ausrollen
1/2 Glas Aprikosenmarmelade (225 g)
Margarine zum Einfetten
1 Eigelb
2 EL Milch

- *Für 35 Stück*
- *Pro Stück: 105 kcal*

1 Kartoffeln am Vortag schälen, waschen und in einem Topf mit gesalzenem Wasser bedeckt 20 Minuten kochen. Abgießen, trockendämpfen und abkühlen lassen. Zugedeckt an einen kühlen Ort stellen. Am nächsten Tag die Kartoffeln auf einer feinen Reibe in eine Schüssel reiben.

2 Für den Teig Mehl mit Backpulver mischen. Auf ein Backbrett geben. In die Mitte eine Mulde drücken und Zucker, Vanillezucker, Salz und die Eier hineingeben. Margarine in Flöckchen auf den Mehlrand setzen. Haselnüsse und geriebene Kartoffeln darüberstreuen und alles schnell von außen nach innen zu einem glatten Teig kneten. Teig 30 Minuten zugedeckt in den Kühlschrank stellen.

3 Die Hälfte des Teigs auf einem bemehlten Backbrett 1/2 cm dick zu einer runden Platte ausrollen (Durchmesser 30 cm). Platte wie eine Torte in 12 Stücke schneiden. Auf jedes Stück an dem breiten Ende 1/2 Teelöffel Aprikosenmarmelade setzen und den Teig zur Spitze hin zu Hörnchen aufrollen. Mit dem restlichen Teig ebenso verfahren.

4 Backblech mit Margarine einfetten und die Hörnchen darauf setzen. Eigelb und Milch in einem Becher verquirlen. Die Hörnchen damit bestreichen. Blech in den vorgeheizten Backofen auf die mittlere Schiene schieben. 25 Minuten bei 200 Grad backen.

5 Blech herausnehmen. Hörnchen vorsichtig ablösen. Auf einem Kuchendraht abkühlen lassen.

Herbst

Die meisten Kartoffelsorten, die jetzt geerntet werden, sind von ihren Kocheigenschaften her mehligkochend. Sie sind ideal für wärmende Suppen und Eintopfgerichte, auf die die kühlen Abende jetzt so richtig Appetit machen. Besonders gut in die herbstliche Jahreszeit paßt natürlich eine Kombination mit frischen Pfifferlingen oder Steinpilzen. Probieren Sie zum neuen Wein einmal einen Kartoffelkuchen anstelle des traditionellen Zwiebelkuchens.

Warmer Kartoffelsalat mit Speck

- *Für 4 Personen*
- *Pro Portion: 410 kcal*

1 kg festkochende Kartoffeln
6 EL Weinessig
1/8 heiße Fleischbrühe
1 Zwiebel
125 g durchwachsener Speck
2 EL Öl
Salz
schwarzer Pfeffer
1 Prise Zucker
je 1/2 Bund Petersilie, Dill und Schnittlauch

1 Kartoffeln abbürsten, in einem Topf mit Wasser bedeckt vom Kochen an in 25–30 Minuten garen. Abgießen, unter kaltem Wasser abschrecken und abziehen. Noch warm in Scheiben schneiden. In eine Schüssel geben und im heißen Wasserbad warm stellen. Mit Essig und der heißen Fleischbrühe begießen.

2 Zwiebel schälen und fein hacken. Über die Kartoffeln streuen.

3 Speck in kleine Würfel schneiden. Öl in einer Pfanne erhitzen. Speckwürfel darin goldgelb braten. Mit Salz, Pfeffer und Zucker würzen. Die heiße Specksauce über die Kartoffeln geben. Vorsichtig mischen. Den Salat dann im heißen Wasserbad 20 Minuten durchziehen lassen.

4 Inzwischen Petersilie, Dill und Schnittlauch unter kaltem Wasser abbrausen, trockentupfen und hacken. Vor dem Servieren über den Salat streuen.

Kartoffelsuppe Berliner Art

500 g Rindfleisch (Brust)
2 l Wasser
Salz
1 Bund Suppengrün
750 g Kartoffeln
weißer Pfeffer
frischgeriebene Muskatnuß
1/2 TL getrockneter, zerriebener Majoran
50 g geräucherter fetter Speck
2 Zwiebeln
je 1/2 Bund Petersilie und Kerbel

- *Für 4 Personen*
- *Pro Portion: 585 kcal*

1 Rindfleisch kurz unter kaltem Wasser abspülen. In einen großen Topf geben. Wasser darübergießen und salzen. Ca. 90 Minuten zugedeckt kochen lassen. Nach 30 Minuten abschäumen und das geputzte, gewaschene, kleingeschnittene Suppengrün hineingeben.

2 Kartoffeln schälen, waschen, abtropfen lassen und in etwa 2 cm große Würfel schneiden. 30 Minuten vor Ende der Garzeit in den Topf geben.

3 Fleisch herausnehmen und auf einem Brett ein paar Minuten abkühlen lassen. Die Suppe soll jetzt sämig sein. Wenn die Kartoffeln nicht ganz zerkocht sind (das hängt von der Sorte ab), mit einem Schneebesen oder dem Pürierstab verrühren.

4 Fleisch in 2 cm große Würfel schneiden. Wieder in die Suppe geben. Suppe mit Pfeffer, Muskat, Majoran und eventuell noch etwas Salz abschmecken. Warm stellen.

5 Speck fein würfeln. In einer Pfanne auslassen. Dann die geschälten, gewürfelten Zwiebeln zufügen und alles in 10 Minuten braun und knusprig braten. Petersilie und Kerbel abspülen, trockentupfen und hacken.

6 Suppe in eine Terrine füllen. Kurz vor dem Servieren Speck, Zwiebeln, Petersilie und Kerbel darüberstreuen. Sofort servieren.

Zwiebeleintopf mit Porree

500 g mittelgroße vorwiegend festkochende Kartoffeln
4 mittelgroße Gemüsezwiebeln
3 Stangen Porree
250 g Lyoner Wurst
1/4–1/2 l heiße Gemüsebrühe (je nach Geschmack)
Salz
schwarzer Pfeffer
1 Bund Schnittlauch

- *Für 4 Personen*
- *Pro Portion: 360 kcal*

1 Die Kartoffeln schälen, waschen und halbieren. Etwa 10 Minuten in kochendem Salzwasser garen; die Kartoffeln sollten noch etwas fest sein. Anschließend abgießen und in nicht zu dünne Scheiben schneiden.

2 Die Zwiebeln schälen, den Porree putzen und waschen, die Wurst pellen und alles in 1/2 cm dicke Scheiben schneiden.

3 Die gesamten Zutaten in einen großen Topf geben, gut mischen, die heiße Gemüsebrühe angießen und das Gemüse etwa 30 Minuten bißfest garen. Mit Salz und Pfeffer abschmecken. Den Schnittlauch waschen, trockentupfen, in Röllchen schneiden und den Eintopf vor dem Servieren damit bestreuen.

Zucchini-Fisch-Eintopf

4 große vorwiegend festkochende Kartoffeln
4 Rotbarschfilets
Saft von 1/2 Zitrone
4 junge, kleine Zucchini
2 Schalotten
1 Bund Petersilie
etwa 50 g Butter
weißer Pfeffer
Salz

- *Für 4 Personen*
- *Pro Portion: 270 kcal*

1 Die Kartoffeln waschen und gar kochen. Nach dem Abgießen schälen und in große Würfel schneiden.

2 In der Zwischenzeit den Fisch unter fließend kaltem Wasser waschen, mit Küchenpapier trockentupfen, in breite Streifen schneiden und mit Zitronensaft beträufeln.

3 Die Zucchini waschen, Blüten- und Stielansatz entfernen und in etwa $^1/_2$ cm dicke Scheiben schneiden. Die Schalotten schälen und kleinhacken, Petersilie waschen, dicke Stiele entfernen, trockentupfen und hacken.

4 Butter in einem Topf zerlassen und die Zucchini und Schalotten darin etwa 5 Minuten anbraten. Den Fisch und die Kartoffeln hinzufügen, alles gut umrühren und mit Pfeffer, Salz und Petersilie würzen. Weitere 5 Minuten garen und den Eintopf sofort servieren. *Abbildung siehe oben*

Kartoffel-Paprika-Topf

500 g Rindfleisch, ohne Knochen
Salz
750 g vorwiegend festkochende Kartoffeln
je 2 rote und grüne Paprikaschoten
300 g Tomaten
weißer Pfeffer
3 TL Paprika edelsüß
1 Prise Zucker
je 1 Bund Petersilie und Schnittlauch

- *Für 4 Personen*
- *Pro Portion: 470 kcal*

1 Rindfleisch unter kaltem Wasser abspülen. Abtropfen lassen. Salzwasser in einem großen Topf zum Kochen bringen. Rindfleisch darin 75 Minuten zugedeckt kochen.

2 In der Zwischenzeit Kartoffeln schälen. Unter kaltem Wasser waschen, abtropfen lassen und in 1–2 cm große Würfel schneiden. Nach 40 Minuten zum Fleisch geben.

3 Paprikaschoten halbieren, putzen und waschen. Tomaten häuten, Stengelansätze herausschneiden. Paprikaschoten und Tomaten in Würfel schneiden. 20 Minuten vor Ende der Garzeit Paprikawürfel in den Topf geben. 10 Minuten später die Tomaten dazugeben. Bei ganz schwacher Hitze weiterkochen.

4 Fleisch herausnehmen, abtropfen lassen und in Scheiben oder in 1 cm große Würfel schneiden. Warm stellen.

5 Das Gemüse mit Pfeffer, Paprika, Zucker und eventuell noch Salz abschmecken. Petersilie und Schnittlauch abspülen, trockentupfen und fein hacken. Kartoffeltopf mit dem Fleisch in eine Schüssel geben. Mit den Kräutern bestreut servieren.

Kartoffel-Paprika-Gratin

1 kg mehligkochende Kartoffeln
3 Zwiebeln
2 grüne Paprikaschoten
300 g Schweizer Emmentaler
30 g Butter oder Margarine zum Einfetten
Salz
weißer Pfeffer
1 Knoblauchzehe
1/8 l Weißwein
30 g Butter oder Margarine

Für 4 Personen
Pro Portion: 610 kcal

1 Kartoffeln unter fließendem Wasser abbürsten. In einem Topf mit kaltem Wasser aufsetzen. Vom Kochen an in 25–30 Minuten garen.

2 In der Zwischenzeit Zwiebeln schälen. In ganz dünne Scheiben schneiden. Paprikaschoten halbieren, putzen, waschen und in dünne Streifen schneiden. Zwiebeln und Paprika 3 Minuten in kochendem Wasser blanchieren. Käse in dünne Scheiben schneiden.

3 Die Kartoffeln abgießen. Schnell abschrecken, abziehen und in 1 cm dicke Scheiben schneiden.

4 Eine Auflaufform mit Butter oder Margarine einfetten. Mit der geschälten Knoblauchzehe ausreiben. Kartoffeln, Käse, Zwiebeln und Paprikastreifen schuppenartig in die Auflaufform geben. Salz und Pfeffer darüberstreuen. Mit Weißwein begießen. Butter oder Margarine in Flöckchen obenauf setzen.

5 Die Form in den vorgeheizten Backofen auf die unterste Schiene stellen. 15 Minuten bei 220 Grad backen. Dazu paßt ein gemischter Blattsalat mit Cocktailtomaten.

Pikanter Zwiebelauflauf

1 kg vorwiegend festkochende Kartoffeln
1 kg gelbe Speisezwiebeln
200 g magerer Räucherspeck
1 EL Butterschmalz
Salz
schwarzer Pfeffer
500 g Äpfel (z.B. Cox Orange)
700 g Schweinemett
Majoran
Zucker oder frischgepreßter Zitronensaft nach Geschmack
Fett für die Auflaufform

- *Für 4 Personen*
- *Pro Portion: 1155 kcal*

1 Die Kartoffeln schälen, waschen und in dünne Scheiben schneiden. Die Zwiebeln schälen und ebenfalls in dünne Scheiben schneiden.

2 Den Speck in kleine Würfel schneiden. Das Butterschmalz in eine breite Pfanne geben und den Speck auslassen. Die Zwiebeln und Kartoffeln nacheinander darin anbraten, mit Salz und Pfeffer würzen und warm stellen.

3 Die Äpfel waschen, schälen, Kerngehäuse entfernen und die Äpfel in Scheiben schneiden.

4 Das Schweinemett im Bratenfett von Zwiebeln und Kartoffeln anbraten, dabei ganz klein zerteilen und mit Salz und Pfeffer würzen.

5 Eine Auflaufform einfetten und zuerst eine Lage Zwiebeln, dann je eine Lage Kartoffeln und Äpfel einschichten. Nun das Mett gleichmäßig darauf verteilen und nochmals je eine Lage Zwiebeln und Kartoffeln darübergeben. Den Abschluß bildet eine Lage Äpfel. Jede Schicht mit etwas Majoran bestreuen. Die Äpfel können ganz nach Geschmack mit etwas Zucker bestreut oder etwas Zitronensaft beträufelt werden. Zugedeckt auf der mittleren Schiene in den auf 220 Grad vorgeheizten Backofen schieben und 40 Minuten garen.

Kartoffel-Spinat-Auflauf

FÜR DIE KARTOFFELN
500 g vorwiegend festkochende Kartoffeln
Salz
weißer Pfeffer
frischgeriebene Muskatnuß
2 Eigelb
30 g Butter
2 Eiweiß

FÜR DEN SPINAT
500 g Spinat
Salz
30 g Butter
Margarine zum Einfetten

AUSSERDEM
3 EL geriebener Parmesan
20 g Butter
1 Bund Petersilie

- *Für 4 Personen*
- *Pro Portion: 335 kcal*

1 Kartoffeln schälen, waschen und achteln. In einem Topf mit gesalzenem Wasser vom Kochen an in 20 Minuten garen. Abgießen und ausdämpfen lassen. Kartoffeln durchpressen oder durch ein Sieb in eine Schüssel streichen. Mit Pfeffer und Muskat würzen. Eigelbe mit der Butter in die Kartoffeln rühren. Eiweiße in einer Schüssel steifschlagen und unterheben.

2 Während die Kartoffeln kochen, Spinat verlesen, auf ein Sieb geben und mit kaltem Wasser abbrausen. In gesalzenem Wasser 10 Minuten kochen. Abgießen. Butter im Topf zerlassen. Spinat darin schwenken.

3 Eine feuerfeste Form mit Margarine einfetten. Die Hälfte der Kartoffelmasse einfüllen. Spinat darauf geben. Darüber restliches Kartoffelpüree verteilen. Mit Käse bestreuen und die Butter in Flöckchen darauf setzen.

4 Die Form in den vorgeheizten Backofen auf die mittlere Schiene stellen. 30 Minuten bei 220 Grad backen.

5 Petersilie abspülen, trockentupfen. Form aus dem Ofen nehmen. Auflauf mit Petersilie garniert sofort servieren.

Kartoffel-Quark-Auflauf

500 g Pellkartoffeln
20 g Margarine
Salz
1 Zwiebel
1/2 Bund Petersilie
500 g Speisequark
2 Eigelb
50 g Grieß
1/8 l Milch
Salz
1 Prise geriebene Muskatnuß
1 TL Paprika edelsüß
2 Eiweiß
50 g geriebener Emmentaler
30 g Butter

- *Für 4 Personen*
- *Pro Portion: 425 kcal*

1 Die gekochten Kartoffeln schälen und in Scheiben schneiden. Eine feuerfeste Form mit Margarine einfetten. Kartoffelscheiben hineingeben und wenig salzen.

2 Zwiebel schälen und ganz fein hacken oder reiben. Petersilie abspülen, trockentupfen und ebenfalls fein hacken.

3 Quark mit Eigelben, Zwiebel, Petersilie, Grieß, Milch, Salz und Gewürzen in einer Schüssel verrühren.

4 Eiweiße in einer anderen Schüssel zu steifem Schnee schlagen und unterheben. Quarkmasse auf die Kartoffeln verteilen. Geriebenen Käse darüber streuen und Butter in Flöckchen darauf setzen.

5 Die Form in den vorgeheizten Backofen auf die mittlere Schiene stellen. 40 Minuten bei 200 Grad backen (der Auflauf sollte eine goldene Kruste haben). Herausnehmen und sofort servieren.

Rösti, gefüllt mit Gemüseragout

FÜR DAS GEMÜSERAGOUT
1 Gemüsezwiebel
je 200 g Möhren, Kohlrabi, Zucchini
30 g Butter oder Margarine
Salz, weißer Pfeffer
150 g Crème fraîche

- *Für 4 Personen*
- *Pro Portion: 610 kcal*

1 Für das Gemüseragout die Gemüsezwiebeln schälen, halbieren und in Streifen schneiden. Möhren und Kohlrabi schälen, von den Zucchini die Enden entfernen. Alles in feine Streifen schneiden.

FÜR DIE RÖSTI
10 mittelgroße festkochende Kartoffeln
Salz
weißer Pfeffer
100 g Entenschmalz

2 Butter oder Margarine in einer Kasserolle erhitzen, das Gemüse darin anschwitzen und mit Salz und Pfeffer würzen. Die Crème fraîche hinzufügen und bei mittlerer Hitze einkochen lassen. Für die Rösti die Kartoffeln waschen, schälen und auf der groben Seite der Rohkostscheibe raspeln. Mit Salz und Pfeffer würzen.

3 Das Entenschmalz in einer Pfanne erhitzen und bei mittlerer Hitze nacheinander in ca. 10 Minuten kleine Plätzchen aus den Kartoffeln braten. Die fertigen Rösti warm stellen.

4 Jeweils 2 Rösti mit dem Gemüseragout gefüllt zusammensetzen und sofort anrichten.

Abbildung siehe unten

Kartoffelkuchen mittelrheinisch

1 1/2 kg mehligkochende Kartoffeln
3 große Zwiebeln
Salz
weißer Pfeffer
3 Eier
100 g durchwachsener Speck
8 EL Öl

- *Für 4 Personen*
- *Pro Portion: 675 kcal*

1 Kartoffeln waschen, schälen und in eine große Schüssel reiben (möglichst auf einer feinen Handreibe). Kartoffelmasse 5 Minuten ruhenlassen. Dann setzt sich etwas Flüssigkeit ab. Masse kurz auf ein feines Sieb geben. Kartoffelwasser stehenlassen, damit sich die Kartoffelstärke absetzt. Wasser abgießen. Geriebene Kartoffeln und Stärke in eine Schüssel geben.

2 Zwiebeln schälen. In die Kartoffelmasse reiben. Kräftig salzen und etwas pfeffern. Aufgeschlagene Eier mit einem Löffel kräftig unterrühren.

3 Durchwachsenen Speck in dünne Scheiben schneiden. 4 Eßlöffel Öl in einen Brattopf von 24 cm Durchmesser (möglichst aus Gußeisen) geben. Darin verteilen, so daß der Topf innen eine Ölschicht hat. Dann mit den Speckscheiben auslegen. Kartoffelmasse noch einmal umrühren und hineinfüllen. Restliches Öl auf der Oberfläche verteilen. In den vorgeheizten Ofen auf die untere Schiene stellen. 75 Minuten bei 240 Grad backen.

4 Den Kartoffelkuchen aus dem Ofen nehmen, in 8 Tortenstücke teilen und im Topf servieren. Dazu paßt Apfel- oder Preiselbeerkompott.

Pillekuchen

500 g vorwiegend festkochende Kartoffeln
6 EL Öl
Salz
100 g durchwachsener Speck
2 große Zwiebeln

FÜR DEN EIERKUCHENTEIG
100 g Mehl
3 Eier
Salz
$^{1}/_{4}$ l Milch

AUSSERDEM
2 EL Schnittlauchröllchen

- *Für 4 Personen*
- *Pro Portion: 605 kcal*

1 Kartoffeln schälen, waschen, trocknen und in knapp $^{1}/_{2}$ cm breite Streifen schneiden. Öl in einer Pfanne erhitzen. Kartoffeln hineingeben, salzen, wenden und 20 Minuten braten.

2 Speck und geschälte Zwiebeln in Würfel schneiden. In einer anderen Pfanne 5 Minuten anbraten und zu den Kartoffeln geben.

3 Mehl mit den Eiern, Salz und Milch in einer Schüssel zu einem dünnflüssigen Eierkuchenteig rühren. Über die Kartoffeln gießen. Bei geringer Hitze in 10 Minuten stocken lassen.

4 Pillekuchen auf eine vorgewärmte Platte geben. Mit Schnittlauchröllchen garnieren. Sofort servieren. Dazu paßt Kopfsalat.

Rheinischer Schnibbelskuchen

750 g mehligkochende Kartoffeln
Salz
2 Zwiebeln
2 EL Mehl
1 Ei
Pfeffer
125 g durchwachsener Speck

- *Für 4 Personen*
- *Pro Portion: 441 kcal*

1 Die Kartoffeln schälen und waschen. Dann auf der groben Reibe raffeln. Mit einem Küchenhandtuch trocknen. Die Kartoffelmasse in eine Schüssel geben und kräftig salzen.

2 Zwiebeln schälen und in kleine Würfel schneiden. Zu den Kartoffeln geben. Mehl und Ei verquirlen. Mit Salz und Pfeffer abschmecken und unter die Kartoffeln mischen.

3 Speck in dünne Scheiben schneiden. In der Pfanne glasig werden lassen (etwa 3 Minuten). Portionsweise die Kartoffelmasse in die Pfanne einfüllen. Wie Pfannkuchen etwa 1 cm dick breitstreichen und auf jeder Seite in 6 Minuten goldbraun braten. Ergibt 4 Schnibbelskuchen.
Abbildung siehe oben

Bauernomelett mit Blutwurst

1 kg vorwiegend festkochende Kartoffeln
3 Zwiebeln
40 g Margarine
300 g Blutwurst
6 Eier
schwarzer Pfeffer
wenig Salz
3 Tomaten
½ Bund gehackte Petersilie

- *Für 4 Personen*
- *Pro Portion: 770 kcal*

1 Kartoffeln in 25–30 Minuten in der Schale gar kochen. Mit kaltem Wasser abschrecken. Abziehen und auskühlen lassen. In Scheiben schneiden.

2 Zwiebeln schälen und in Ringe schneiden. Margarine erhitzen, Kartoffelscheiben darin anbraten, Zwiebelringe zufügen.

3 Blutwurst häuten, in Würfel schneiden und ebenfalls in die Pfanne geben. Eier mit Pfeffer und wenig Salz verquirlen. Tomaten schälen und in Scheiben schneiden. In die Eiermilch geben und auf die Kartoffeln gießen. Das Omelett ist gar, wenn die Eier gestockt sind. Masse aus der Pfanne auf einen großen Teller gleiten lassen. Zum Omelett zusammenklappen. Mit gehackter Petersilie bestreuen.

Zwiebel-Kartoffel-Puffer

1 1/2 kg vorwiegend festkochende Kartoffeln
1 große Gemüsezwiebel
3 EL Weizenmehl (Type 1050)
2 Eier
Salz
frischgeriebene Muskatnuß
80 ml Öl zum Ausbacken

- *Für 6 Personen*
- *Pro Portion: 395 kcal*

1 Die Kartoffeln und Zwiebeln schälen, waschen und fein raspeln. Das Weizenmehl und die Eier hinzufügen und alles gut vermengen. Mit Salz und Muskatnuß würzen. Öl in der Pfanne sehr stark erhitzen.

2 Von der Kartoffel-Zwiebel-Masse mit Hilfe eines Eßlöffels Teig abstechen und mit den Handflächen zu kleinen Fladen formen. In der Pfanne von beiden Seiten goldbraun ausbacken und dabei mit einem Pfannenheber flachdrücken. Sofort servieren.

Berliner Kartoffelfächer

600 g mehligkochende Kartoffeln
4 EL Butter
Salz
Pfeffer
Kümmel
100 g geriebener Hartkäse

- *Für 2 Personen*
- *Pro Portion: 610 kcal*

1 Kartoffeln schälen, waschen und an der Oberseite quer etwa 2 cm tief fein und fächerförmig einschneiden.

2 Eine feuerfeste Form mit der Hälfte der Butter einfetten. Die Kartoffelfächer mit den Einschnitten nach oben in die Form setzen. Mit Salz, Pfeffer und Kümmel würzen, mit der restlichen zerlassenen Butter beträufeln.

3 Im vorgeheizten Backofen bei 200 Grad etwa 30 Minuten lang backen, bis die Kartoffeln sich leicht mit einer Gabel einstechen lassen. Mit dem Käse bestreuen und weitere 10 Minuten bei 200 Grad im Ofen lassen. Für 4 Personen als Beilage reichen. *Abbildung siehe oben*

Kartoffelklöße holsteinisch

1 kg mehligkochende Kartoffeln
200 g fetter Speck
100 g Mehl
100 g Grieß
50 g Speisestärke
4 Eier
Salz
1 Msp. frischgeriebene Muskatnuß
Mehl zum Formen
40 g Butter

- *Für 4 Personen*
- *Pro Portion: 950 kcal*

1 Kartoffeln unter fließendem Wasser abbürsten. In einem Topf mit Wasser bedeckt 30 Minuten kochen lassen.

2 In der Zwischenzeit Speck klein würfeln. In einer Pfanne glasig braten. Grieben herausnehmen und beiseite stellen.

3 Kartoffeln abschrecken und abziehen. Durch eine Kartoffelpresse in eine Schüssel drücken. Mit Speck, Mehl, Grieß, Speisestärke, Eiern, Salz und Muskat zu einem geschmeidigen Teig kneten. Abkühlen lassen.

4 In einem großen Topf gesalzenes Wasser zum Kochen bringen. Aus dem Teig mit bemehlten Händen 5 cm große Klöße formen. Probekloß in das kochende Wasser geben und in 10-15 Minuten gar ziehen lassen. Herausnehmen, abtropfen lassen und mit zwei Gabeln auseinanderreißen. Wenn er gut ist, die Klöße portionsweise wie den Probekloß gar ziehen lassen.

5 Klöße mit einem Schaumlöffel aus dem Wasser heben. Kurz abtropfen lassen. In einer vorgewärmten Schüssel anrichten und warm stellen, bis alle Klöße fertig sind. Butter in einer Pfanne erhitzen und bräunen. Klöße mit Butter begossen servieren. Dazu paßt Gulasch.

Kartoffelknödel aus rohen Kartoffeln

FÜR DEN KARTOFFELTEIG
1 1/2 kg rohe mehligkochende Kartoffeln
500 g vorwiegend festkochende Kartoffeln, am Vortag gekocht
1/4 l Milch
1 EL Salz

FÜR DIE FÜLLUNG
1 Brötchen vom Vortag
1 EL Butter

AUSSERDEM
Salz
evtl. 1 EL feingeschnittener Schnittlauch

- *Für 4 Personen*
- *Pro Portion: 380 kcal*

1 Für den Kartoffelteig die rohen Kartoffeln waschen, schälen und auf einem Reibeisen in eine Schüssel mit kaltem Wasser reiben.

2 Die Kartoffelmasse in ein Leinentuch oder ein Stoffsäckchen geben und gründlich auspressen. Das Wasser aufheben. Wenn sich darin enthaltene Kartoffelstärke abgesetzt hat, das Wasser abgießen.

3 Die gekochten, geschälten Kartoffeln ebenfalls reiben. Die Milch erhitzen, über die gekochten Kartoffeln gießen und glattrühren.

4 Die rohe Kartoffelmasse, die gekochte Kartoffelmasse, die abgesetzte Stärke und das Salz mit den Händen zu einem glatten, weichen Teig verkneten.

5 Für die Füllung das Brötchen in kleine Würfel schneiden und in der erhitzten Butter goldbraun rösten.

6 Aus dem Kartoffelteig mit nassen Händen Knödel in der gewünschten Größe drehen und in die Mitte jeweils einige Semmelwürfel geben. Die Knödel nachformen.

7 In einem großen, breiten Topf reichlich Wasser zum Kochen bringen, salzen (1 l Wasser = 10 g Salz) und die Knödel vorsichtig mit einer Schaumkelle einlegen. Im offenen Topf in 15–20 Minuten gar ziehen lassen, das Wasser darf auf keinen Fall sprudelnd kochen.

8 Die fertigen Kartoffelknödel mit der Schaumkelle herausheben, gut abtropfen lassen und in eine vorgewärmte Schüssel geben. Man kann die fertigen Knödel mit feingeschnittenem Schnittlauch bestreuen. Paßt als Beilage zu Schweinebraten, Schmorbraten oder Gänsebraten.

Kartoffelklöße halb und halb

1 1/2 kg mehligkochende Kartoffeln
Salz
170 g Mehl
2 Eier
Mehl zum Formen
1 1/2 l Wasser

- *Für 4 Personen*
- *Pro Portion: 460 kcal*

1 Kartoffeln schälen und waschen. Die Hälfte mit Wasser bedeckt in einer Schüssel beseite stellen.

2 Die übrigen Kartoffeln in einem Topf mit gesalzenem Wasser bedeckt 20 Minuten kochen lassen. Wasser abgießen. Kartoffeln ausdämpfen und abkühlen lassen.

3 Rohe Kartoffeln auf ein Küchentuch reiben und ausdrücken. In eine Schüssel geben und die gekochten Kartoffeln darauf reiben. 2 Eßlöffel Mehl zum Wenden abnehmen und auf einen Teller geben. Den Rest unter die Kartoffelmasse mischen. Eier unterrühren. Salzen.

4 Leicht gesalzenes Wasser in einem Topf aufkochen. Aus der Kartoffelmasse mit bemehlten Händen Klöße von 5 cm Durchmesser formen. In Mehl wenden. Im leicht siedenden Wasser 20 Minuten ziehen lassen.

5 Die gegarten Klöße mit einem Schaumlöffel herausnehmen, abtropfen lassen. Auf einer vorgewärmten Platte anrichten. Zu Schweinebraten, Kalbs- oder Schweinshaxe reichen.

Quarkkeulchen

500 g Pellkartoffeln vom Vortag
250 g Speisequark
2 Eier
50 g Mehl
75 g Zucker
1 Prise Salz
1 Msp. gemahlener Zimt
abgeriebene Schale von 1 Zitrone
75 g Korinthen
Mehl zum Bestäuben

AUSSERDEM
100 g Butter oder Margarine
4 EL Zucker
1 TL gemahlener Zimt

Für 4 Personen
Pro Portion: 575 kcal

1 Pellkartoffeln schälen und durch die Kartoffelpresse drücken oder fein reiben. In eine Schüssel geben. Kartoffeln und Quark mit Eiern, Mehl, Zucker, Salz, Zimt und Zitronenschale mischen. Alles gut durchkneten.

2 Korinthen in einer Schüssel mit kochendem Wasser übergießen und 5 Minuten quellen lassen. Auf einem Sieb abtropfen lassen. In einem Küchentuch trockenreiben. Mit etwas Mehl bestäuben. In die Schüssel geben und in den Teig kneten.

3 Mit einem Eßlöffel Klöße von etwa 5 cm Durchmesser abstechen. Mit dem Löffel flachdrücken, so daß sie eine ovale Form bekommen.

4 Butter in einer großen Pfanne erhitzen. Keulchen darin bei schwacher Hitze auf jeder Seite in 6 Minuten goldbraun braten. Immer nur so viele Keulchen auf einmal in die Pfanne geben, daß sie sich nicht berühren. Keulchen auf einer vorgewärmten Platte warm stellen, bis alle fertig sind.

5 Zucker und Zimt in einem Schälchen mischen. Keulchen damit bestreuen und heiß servieren. Nach einer kräftigen Suppe oder einem buntgemischten Salat als Hauptmahlzeit reichen.

Pflaumenknödel

350 g Pellkartoffeln
125 g Mehl
20 g Butter
Salz
1 Ei
800 g blaue Pflaumen (oder Zwetschen)
80 g Würfelzucker

AUSSERDEM
100 g Butter
4 EL Zucker
1 TL Zimt

Für 4 Personen
Pro Portion: 685 kcal

1 Pellkartoffeln noch warm schälen und durch die Kartoffelpresse drücken. Auf ein Backbrett geben und erkalten lassen.

2 Mehl darüberstreuen. In die Mitte eine Vertiefung drücken. Butter, Salz und Ei hineingeben. Mit kühlen Händen zu einem festen Teig kneten. Mit einem Tuch bedeckt 15 Minuten ruhenlassen.

3 In der Zwischenzeit die Pflaumen waschen, abtropfen lassen und entsteinen. Jede Pflaume mit einem Stück Würfelzucker füllen.

4 Aus dem Teig mit bemehlten Händen etwa 5 cm dicke Rollen formen. 5 cm lange Stücke abschneiden. In jedes Stück eine Pflaume drücken. Teig darüberziehen und zu einem Kloß formen.

5 Reichlich Wasser in einem großen Topf sprudelnd aufkochen lassen. Salzen. Immer 8–10 Klöße auf einmal hineingeben und 10 Minuten gar ziehen lassen.

6 Klöße mit einer Schaumkelle herausnehmen und gründlich abtropfen lassen. Auf einer vorgewärmten Platte zugedeckt warm stellen, bis alle Klöße fertig sind.

7 Butter in einer Pfanne bräunen. Über die Klöße gießen und sofort servieren. Zucker mit Zimt gemischt in einem Schälchen dazu reichen. Als Mittagessen mit einer Suppe vorweg servieren.

Winter

Neben deftiger Hausmannskost, die in der kalten Jahreszeit besonders gut schmeckt, finden Sie hier Rezepte für Kartoffelbeilagen, die mit festlichen Fleischgerichten harmonieren. Wenn wir in dieser Zeit des Jahres schon weniger auf die Kalorien achten, kommt ein süßes Kartoffelgericht jetzt auch zu besonderen Ehren. Ideal für die Silvesterparty sind der Kartoffel-Hering-Salat und die Kartoffelkrapfen.

Wintersalat

350 g festkochende Kartoffeln
250 g Rote Bete
250 g Knollensellerie
4 EL Essig
2 kleine Zwiebeln

FÜR DIE MARINADE
6 EL Öl
3 EL Essig
Salz
weißer Pfeffer
1 Prise Zucker

AUSSERDEM
1 EL frischgeriebener Meerrettich
2 hartgekochte Eier
1/2 Kästchen Kresse

- *Für 4 Personen*
- *Pro Portion: 230 kcal*

1 Kartoffeln und Rote Bete unter kaltem Wasser abbürsten. Sellerie schälen und waschen. Getrennt in drei Töpfen zum Kochen bringen. Rote Bete und Sellerie mit je 2 Eßlöffeln Essig würzen. Kartoffeln 25 Minuten, Rote Bete 20 und Sellerie 15 Minuten kochen lassen.

2 Zwiebeln schälen und fein würfeln. Sellerie abtropfen lassen und in dünne Streifen schneiden. Rote Bete abgießen, ausdämpfen lassen, schälen und ebenfalls in dünne Streifen schneiden.

3 Kartoffeln unter kaltem Wasser abschrecken. Schalen abziehen. Kartoffeln in dünne Scheiben schneiden. Alles in eine Schüssel geben aber nicht vermischen.

4 Für die Marinade Öl und Essig in einer Schüssel verrühren. Mit Salz, Pfeffer und Zucker abschmecken. über den Salat gießen. Zugedeckt 30 Minuten durchziehen lassen. Dann den Meerrettich darüber verteilen. Salat vorsichtig mischen. In eine Salatschüssel füllen.

5 Eier schälen und vierteln. Als Kranz um den Salat legen. Kresse abbrausen und abtropfen lassen. Kleine Sträußchen abschneiden und jeweils zwischen die Eierviertel legen. Salat servieren.

Kartoffel-Hering-Salat

4 Matjesfilets
100 g Kalbsbraten in Scheiben (fertig gekauft)
1 große Gewürzgurke
2 säuerliche Äpfel
2 Stangen Staudensellerie
50 g Walnußkerne
4 Pellkartoffeln
4 EL Weinessig
Salz
schwarzer Pfeffer
200 g Mayonnaise
4 EL Joghurt
2 Msp. Ingwerpulver
einige Stengel Kerbel
1/2 Bund Schnittlauch

- *Für 4 Personen*
- *Pro Portion: 830 kcal*

1 Die Matjesfilets kurz wässern. Matjes, den Kalbsbraten, die Gewürzgurke und die geschälten und entkernten Äpfel in Streifen schneiden. Die Selleriestauden waschen und in kleine Stücke schneiden. Die Sellerieblättchen beiseite legen.

2 Die Salatzutaten in einer Schüssel vermischen und mit dem Essig, wenig Salz und dem Pfeffer würzen. Etwas durchziehen lassen.

3 Die Mayonnaise mit dem Joghurt und dem Ingwerpulver verrühren. Die Kräuter fein wiegen und mit der Mayonnaise unter die Salatzutaten heben. Mit dem Selleriegrün garnieren. Den Salat, wenn möglich, 1–2 Stunden durchziehen lassen.

Abbildung siehe oben

Bauernsuppe

1 kg Zwiebeln
30 g Butter
1 l heiße Fleischbrühe
Salz
schwarzer Pfeffer
6 mittelgroße mehligkochende Kartoffeln
250 g Debreziner (Cabanossi oder Knoblauchwurst)
1 Bund Schnittlauch
2 TL Majoran

- *Für 4 Personen*
- *Pro Portion: 445 kcal*

1 Die Zwiebeln schälen und in nicht zu dünne Scheiben schneiden. Butter in einem großen Topf zerlassen und die Zwiebeln bei mittlerer Hitze andünsten, jedoch nicht braun werden lassen.

2 Die heiße Fleischbrühe angießen, mit Salz und Pfeffer kräftig abschmecken und 20 Minuten köcheln lassen.

3 Inzwischen die Kartoffeln schälen, waschen, in kleine Würfel schneiden und nach 20 Minuten in die Fleischbrühe geben. Weitere 20–30 Minuten köcheln, bis die Kartoffeln gar sind.

4 Die Debreziner in Scheiben schneiden und während der letzten 5 Minuten in die Suppe geben.

5 Den Schnittlauch waschen und in Röllchen schneiden. Die Suppe mit Salz, Pfeffer und Majoran abschmecken, die Schnittlauchröllchen in die Suppe streuen und heiß servieren. Weißbrot dazu reichen. *Abbildung siehe rechts*

Wirsingeintopf

1 Wirsing (ca. 800 g)
500 g vorwiegend festkochende Kartoffeln
100 g Schweinebacke oder -bauch (roh)
1 Zwiebel
1 EL Gänseschmalz

- *Für 4 Personen*
- *Pro Portion: 458 kcal*

1 Kohl putzen, waschen und grob hacken. Kartoffeln schälen und grob würfeln. Schweinefleisch würfeln und mit kochendem Wasser überbrühen. Zwiebel schälen und hacken.

1/2 l Fleischbrühe (Extrakt)
200 g Kochwurst
(Kolbasz, Debreziner)
1 TL getrockneter Majoran
Pfeffer
Salz

2 In einer Kasserolle das Schmalz erhitzen, die Zwiebel- und Speckwürfel glasig dünsten.

3 Wirsing und Kartoffeln unter Rühren darin anschmoren, mit Brühe angießen und 30 Minuten schmoren lassen.

4 Wurst in grobe Stücke schneiden, mit dem Majoran unter den Wirsingeintopf mischen und 5 Minuten garen. Mit Pfeffer und Salz abschmecken und sofort servieren.

Potée

1 Wirsing (ca. 1 kg)
300 g durchwachsener Rauchspeck
500 g Möhren
500 g vorwiegend festkochende Kartoffeln
100 g Butter
2 Thymianzweige
2 Lorbeerblätter
Pfeffer
Salz
1/2 l Fleischbrühe (Extrakt)
6 Pfälzer Würste
500 g Blutwurst

- *Für 6 Personen*
- *Pro Portion: 1185 kcal*

1 Vom Wirsing die welken Außenblätter entfernen, den Kopf halbieren und waschen. Zusammen mit dem Speckstück 10 Minuten in heißem Wasser garen. Abtropfen lassen.

2 Möhren putzen, Kartoffeln schälen. In einer sehr großen Kasserolle oder feuerfesten Terrine die Butter erhitzen und den Kohl darin andünsten.

3 Speck, Möhren und Kartoffeln zugeben. Mit Thymian, Lorbeerblättern, Pfeffer und Salz würzen. Heiße Brühe zugießen und einen fest schließenden Deckel aufsetzen. 1 1/2 Stunden bei 160 Grad im Ofen garen.

4 Dann die Pfälzer oder andere würzige Kochwürste in den Potée geben und weitere 20 Minuten mitgaren. Blutwurst in einer Pfanne anbraten und untermischen.

5 Potée auf einer großen vorgewärmten Platte anrichten und mit kaltem Bier und klarem Schnaps servieren.

Lammfleisch mit grünen Bohnen

500 g Lammfleisch (aus der Schulter)
100 g Rauchfleisch
1 Zwiebel
1 l Fleischbrühe
Oregano (getrocknet)
Pfeffer
500 g grüne Bohnen
500 g vorwiegend festkochende Kartoffeln

- *Für 4 Personen*
- *Pro Portion: 578 kcal*

1 Lammfleisch und Rauchfleisch in grobe Würfel schneiden. Die Zwiebel grob hacken.

2 Die Rauchfleischwürfel in einer großen Kasserolle kurz anbraten. Lammfleisch und Zwiebel zugeben und mitbraten. Mit heißer Brühe ablöschen, aufkochen und mit Oregano und Pfeffer würzen. Dann bei geringer Hitze zugedeckt 1 Stunde köcheln lassen.

3 Die Bohnen waschen, entfädeln und in Stücke brechen. Die Kartoffeln schälen und in grobe Würfel schneiden. Beides zum Fleisch geben und den Eintopf in 20–30 Minuten fertig garen.

Abbildung siehe rechts

Kartoffel-Käse-Auflauf

1 kg vorwiegend festkochende Kartoffeln
Salz
½ l heiße Milch
3 Eigelb
1 EL Mehl
200 g geriebener Parmesan
weißer Pfeffer
3 Eiweiß
Margarine zum Einfetten
40 g Butter
1 Bund Schnittlauch

- *Für 4 Personen*
- *Pro Portion: 560 kcal*

1 Kartoffeln schälen, waschen und vierteln. In einem Topf mit gesalzenem Wasser bedeckt 20 Minuten kochen. Wasser abgießen und die Kartoffeln ausdämpfen. Durch eine Presse oder ein Sieb in eine Schüssel passieren.

2 Milch, Eigelbe, Mehl und Parmesan unter die Kartoffelmasse rühren. Mit Salz und Pfeffer kräftig würzen. Eiweiße in einer Schüssel steifschlagen und unterheben.

3 Eine feuerfeste Form mit Margarine einfetten. Die Kartoffelmischung einfüllen. Die Butter in Flöckchen darauf setzen. Form in den vorgeheizten Backofen auf die mittlere Schiene stellen. 45 Minuten bei 200 Grad backen.

4 Auflauf aus dem Ofen nehmen. Mit gewaschenem, feingeschnittenem Schnittlauch bestreut sofort in der Form servieren.

Krautschupfnudeln

400 g mehligkochende Kartoffeln
300 g Mehl
1 kleines Ei
Salz
2 rote Gemüsezwiebeln
100 g Schmalz
500 g Sauerkraut

- *Für 4 Personen*
- *Pro Portion: 616 kcal*

1 Kartoffeln kochen, pellen und durch eine Presse drücken oder mit der Gabel zerdrücken. Mit Mehl, Ei und Salz zu einem glatten Teig verkneten.

2 Den Teig portionsweise auf ein Brett streichen und mit einem Schaber bleistiftdicke Streifen in siedendes Salzwasser schupfen. Wenn sie aufschwimmen, mit einem Schaumlöffel herausnehmen und auf einem Holzbrett abtropfen lassen.

3 Zwiebeln schälen, halbieren und in Scheiben schneiden. In einer festen Kasserolle im Schmalz weichdünsten. Das Sauerkraut darin 15 Minuten schmoren.

4 Die abgekühlten Schupfnudeln unterheben und alles zusammen kroß braten. Mit Salz abschmecken und servieren. *Abbildung siehe rechts*

Plaaten in de Pann

4 kleine, harte Mettwürste à 100 g
40 g Margarine
1 kg vorwiegend festkochende Kartoffeln
Salz, weißer Pfeffer
$^1/_8$ l heiße Fleischbrühe
125 g Sahne
1 Msp. gemahlener Kümmel
1 Bund Petersilie

- *Für 4 Personen*
- *Pro Portion: 810 kcal*

1 Mettwürste unter kaltem Wasser abspülen. Mit Küchenpapier abtrocknen. Würste in 2 cm dicke Scheiben schneiden. Margarine in einer großen Pfanne erhitzen. Bratwürste darin rundherum in 3 Minuten knusprig braun braten. Vom Herd nehmen.

2 Kartoffeln schälen, waschen, gut abtrocknen und in hauchdünne Scheiben schneiden. Auf

die Bratwurstscheiben verteilen. Mit Salz und Pfeffer bestreuen. Fleischbrühe darübergießen. Zugedeckt 20 Minuten schmoren lassen.

3 Sahne mit Kümmel verquirlen. Über die Kartoffeln gießen und zugedeckt weitere 10 Minuten schmoren lassen. Petersilie abbrausen, trockentupfen und hacken. Vor dem Servieren über die Kartoffeln streuen.

Weinkräwes

2 Zwiebeln
1 EL Schmalz
500 g Sauerkraut
1 Glas Moselwein
4 Kasseler Rippchen
einige Wacholderbeeren
2 Lorbeerblätter
500 g mehligkochende Kartoffeln
Salz
1/8 l Milch
100 g Rauchspeck

- *Für 4 Personen*
- *Pro Portion: 658 kcal*

1 Eine der beiden Zwiebeln schälen, grob hacken und mit dem Schmalz in einer Kasserolle andünsten.

2 Sauerkraut leicht auspressen und darin anschmoren. Mit Wein löschen. Abgewaschene und trockengetupfte Rippchen auf das Sauerkraut legen. Wacholderbeeren und Lorbeerblätter zugeben und alles zugedeckt bei geringer Hitze garen.

3 Kartoffeln schälen, stückeln und in Salzwasser weich kochen. Abgießen und mit heißer Milch zu einem cremigen Brei zerstampfen.

4 Speck würfeln und die zweite Zwiebel schälen und fein hacken.

5 Die Rippchen vom Kraut nehmen und den Kartoffelbrei unter das Kraut mengen. Die Rippchen wieder auflegen. Speck und Zwiebel anrösten und über die Rippchen streuen. Weinkräwes heiß servieren und dazu herben Wein reichen.

Perlhuhneintopf mit Rüben

1 großes Perlhuhn
3 EL Butterschmalz
1/8 l Hühnerbrühe
500 g weiße
oder Teltower Rübchen
200 g Möhren
400 g kleine vorwiegend
festkochende Kartoffeln
1 Prise Salz
Pfeffer
Thymian
1 Prise Zucker
1/8 l Weißwein
1 EL Dijonsenf
1 EL Marc oder Grappa
(Tresterbranntwein)

- *Für 4 Personen*
- *Pro Portion: 555 kcal*

1 Das Perlhuhn den Rücken entlang halbieren. Den Rückenknochen herausschneiden und das Perlhuhn in 8 Stücke teilen. Die gröbsten Knochen und die Flügelspitzen entfernen. Von den Perlhuhnstücken die Haut abziehen und die abgelösten Knochen in 1 Eßlöffel Butterschmalz anbraten.

2 Mit der Hühnerbrühe auffüllen und 30 Minuten zugedeckt kochen. Anschließend den Sud durch ein Sieb gießen.

3 Die Rüben und die Möhren schälen und in kleine Stifte schneiden. Die Kartoffeln schälen und vierteln.

4 Die Perlhuhnstücke langsam in 1 Eßlöffel Butterschmalz anbraten. Mit Salz, Pfeffer und Thymian bestreuen. Rüben und Möhren hinzufügen, kurz mitbraten und mit dem Zucker bestreuen und wenden. Das Fleisch mit Weißwein ablöschen und halb zugedeckt etwa 20 Minuten schmoren lassen.

5 Inzwischen die Kartoffeln im Butterschmalz in einer Bratpfanne goldbraun anbraten und ebenfalls zum Perlhuhn geben. Sobald das Perlhuhn gar ist, mit dem Gemüse aus dem Bräter nehmen. Das Gemüse mit dem Perlhuhn auf einer heißen Platte anrichten und warm stellen.

6 Den Bratenfond und den passierten Sud bis auf etwa 1/8 l Sauce einkochen. Senf und Tresterbranntwein zu der Sauce geben, gut rühren, nochmals aufkochen lassen und unmittelbar vor dem Servieren über die Perlhuhnstücke verteilen.

Huhn im Kartoffelmantel

1 junges, fleischiges Huhn (1,2 kg)
Salz
schwarzer Pfeffer
2 EL Mehl
1 kg vorwiegend festkochende Kartoffeln
4 Artischockenböden (Konserve)
2 Knoblauchzehen
120 g Butter
Öl zum Ausbacken
1 EL gehackte Petersilie

- *Für 4 Personen*
- *Pro Portion: 735 kcal*

1 Das gewaschene und mit Küchenpapier trockengetupfte Huhn mit einem scharfen Messer oder einer Küchenschere in 8 Teile zerlegen, dabei das Rückrat entfernen. Die Geflügelstücke mit Salz und Pfeffer würzen und in dem Mehl wenden.

2 Die Kartoffeln schälen und in dünne Scheiben schneiden. Die Artischockenböden abtropfen lassen und fein hacken. Die geschälten Knoblauchzehen zerdrücken.

3 50 g Butter in einer Pfanne erhitzen und die Hühnerstücke darin von beiden Seiten goldgelb braten. Aus der Pfanne nehmen und warm stellen. Den Bratensaft beiseite stellen.

4 Die Kartoffelscheiben in Öl ebenfalls kurz anbraten. Artischocken, Knoblauch und Petersilie daruntermischen. Mit Salz und Pfeffer würzen und von der Kochstelle nehmen.

5 Eine mit Alufolie ausgekleidete Springform oder eine runde Auflaufform gut mit Butter ausfetten. Boden und Seiten mit der Hälfte der Kartoffelscheiben auslegen. Die Hühnerstücke darauf legen und mit den restlichen Kartoffelscheiben bedecken. Reichlich mit Butterflöckchen auf den Kartoffelscheiben verteilen. Bei Verwendung einer Springform die Oberfläche mit einer zweiten, etwas kleineren Kuchenform flachdrücken.

6 Die Torte oder den Auflauf auf die untere Schiene in den vorgeheizten Backofen stellen und bei 200 Grad in 50–60 Minuten goldgelb

backen. Eventuell zwischendurch eine Zeitlang mit Alufolie abdecken, damit die oberen Kartoffelscheiben nicht zu stark bräunen.

7 Die Torte aus der Springform nehmen und auf eine vorgewärmte Platte geben (oder in der Auflaufform direkt servieren).

8 Unmittelbar vor dem Auftragen den Bratensaft des Hühnchens mit der restlichen Butter erwärmen und die Torte oder den Auflauf damit begießen.

Bäckerofen

300 g Schweinenacken
300 g Hammelschulter (ohne Knochen)
300 g Rinderschulter
1 Möhre
1 geschälte Zwiebel, mit 2 Nelken gespickt
1 Knoblauchzehe
1 Lorbeerblatt
Salz
schwarzer Pfeffer
1/2 l trockener Weißwein oder Apfelwein
250 g Zwiebeln
1 kg vorwiegend festkochende Kartoffeln
40 g Schweineschmalz

- *Für 4 Personen*
- *Pro Portion: 775 kcal*

1 Die Fleischsorten in Würfel und die geschälte Möhre in Scheiben schneiden. Mit Zwiebel und geschälter Knoblauchzehe sowie Lorbeerblatt in einen Steinguttopf legen. Salzen und pfeffern und mit Wein übergießen. Zugedeckt eine Nacht marinieren lassen.

2 Die Zwiebeln und die Kartoffeln schälen und in Scheiben schneiden. Einen feuerfesten Steinguttopf dick mit dem Schmalz ausstreichen und die Hälfte der Kartoffel- und Zwiebelscheiben hineingeben. Mit Salz und Pfeffer bestreuen. Das Fleisch darüberfüllen und mit den restlichen Kartoffel- und Zwiebelscheiben bedecken. Noch einmal würzen.

3 Die Weinmarinade durch ein Sieb über die Kartoffeln gießen. Den Topf fest verschließen.

4 Den Topf auf die mittlere Schiene in den vorgeheizten Backofen geben und das Gericht in etwa 3 Stunden bei 200 Grad gar backen lassen.

Kartoffeltorte mit Krabben

500 g mehligkochende Kartoffeln
250 g tiefgekühlte Krabben
1 Bund Dill, fein gehackt
4 Eier
250 g Sahne

- *Für 4 Personen*
- *Pro Portion: 540 kcal*

1 Die Kartoffeln schälen, waschen und auf der groben Seite einer Rohkostreibe raffeln. Krabben und Dill hinzufügen. Nach und nach Eier und Sahne zugeben. Mit den Gewürzen herzhaft abschmecken.

Salz
weißer Pfeffer
1 TL milder Curry
1 Msp. Cayennepfeffer
40 g Butter

2 Eine Springform von 26 cm Durchmesser mit der Hälfte der Butter einfetten. Die Masse einfüllen und mit der restlichen Butter in kleinen Flöckchen belegen.

3 Auf der mittleren Schiene im vorgeheizten Backofen bei 200 Grad in 40–50 Minuten goldgelb backen. Mindestens 10 Minuten ruhenlassen. Sie können auch auf die gleiche Weise 4 kleine Törtchen backen. *Abbildung siehe unten*

Dauphinekartoffeln

FÜR DEN KARTOFFELTEIG
500 g mehligkochende Kartoffeln
Salz
50 g Butter
2 Eigelb

FÜR DEN BRANDTEIG
1/4 l Wasser
50 g Butter
1 Prise Salz
150 g Mehl
4 Eier
Muskat
Salz

AUSSERDEM
Öl oder Kokosfett zum Ausbacken

- *Für 6 Personen*
- *Pro Portion: 555 kcal*

1 Kartoffeln schälen, waschen, in leicht gesalzenem Wasser kochen. Abgießen, dämpfen und durch die Presse drücken. Masse abkühlen lassen und mit Butter und verquirltem Eigelb gut verrühren.

2 Für den Brandteig Wasser, Butter und Salz in einem breiten Topf aufkochen. Von der Kochstelle nehmen. Das Mehl auf einmal in die heiße Flüssigkeit schütten. Sehr schnell mit einem Langlochlöffel glattrühren. Es dürfen sich keine Klumpen bilden.

3 Den Topf wieder auf die Kochstelle geben. Teig bei schwacher Hitze so lange rühren, bis sich ein Kloß bildet. Wenn der Kloß etwas am Boden anhängt, 1 Ei hineinrühren. Teig 5–10 Minuten abkühlen lassen. Nacheinander die restlichen Eier zugeben.

4 Kartoffelmasse mit dem Brandteig mischen. Mit etwas Muskat und Salz abschmecken.

5 Das Ausbackfett erhitzen. Teig in eine Spritztüte mit großer runder Tülle füllen. 3 cm lange Rollen mit dem Messer an der Tülle abschneiden und in das Fett gleiten lassen. Goldgelb ausbacken. Zu Rehrücken mit einer feinen Gemüseplatte reichen.

Kartoffelpüree überbacken

1 kg mehligkochende Kartoffeln
Salz
1/4 l heiße Milch
50 g Butter
1 Eigelb
geriebene Muskatnuß
1 TL Zucker
Margarine zum Einfetten
3 EL geriebener Emmentaler
1 Bund Schnittlauch

- *Für 4 Personen*
- *Pro Portion: 380 kcal*

1 Kartoffeln schälen und waschen. In einem Topf mit gesalzenem Wasser in 25 Minuten garen. Durch eine Kartoffelpresse drücken oder mit dem Stampfer pürieren.

2 Das Püree in einen Topf geben. Auf den Herd stellen. Unter ständigem Rühren bei schwacher Hitze Milch, die Hälfte der Butter und Eigelb hineingeben. Mit Salz, Muskat und Zucker würzen. Mit dem Schneebesen so lange schlagen, bis das Püree weiß und schaumig ist.

3 Eine feuerfeste Form mit Margarine einfetten. Etwas Püree in den Spritzbeutel füllen. Den Rest in die Form geben und glattstreichen. Mit dem Spritzbeutel einen Rand spritzen. Mit Käse bestreuen. Die restliche Butter in Flöckchen darauf verteilen.

4 Die Form in den vorgeheizten Backofen auf die mittlere Schiene stellen. 15 Minuten bei 200 Grad überbacken.

5 In der Zwischenzeit Schnittlauch abspülen, trockentupfen und fein schneiden. Form aus dem Ofen nehmen. Kartoffelpüree mit Schnittlauch bestreut sofort in der Form servieren. Paßt zu kurzgebratenem Fleisch.

Gratin dauphinois

800 g mehligkochende Kartoffeln
Salz
weißer Pfeffer
frischgeriebene Muskatnuß
2 Eier
$^1/_2$ l Milch
125 g geriebener Gruyère
60 g Butter
1 Knoblauchzehe

- *Für 4 Personen*
- *Pro Portion: 535 kcal*

1 Kartoffeln schälen und waschen. In dünne Scheiben schneiden – am besten mit der Küchenmaschine – und in eine Schüssel geben. Salz, Pfeffer und Muskat über die Kartoffeln streuen. Gut mischen. Eier mit Milch in einem Topf verrühren. Die Hälfte des Käses hineingeben.

2 Eine Auflaufform mit 20 g Butter einfetten und mit der geschälten Knoblauchzehe ausreiben. Form mit Kartoffelscheiben auslegen, schichtweise die Eiermilch darübergießen. Obenauf die restliche Butter in Flöckchen setzen und mit dem restlichen Käse bestreuen.

3 Den Auflauf zugedeckt in den vorgeheizten Backofen auf die mittlere Schiene stellen und 1 Stunde und 40 Minuten bei 200 Grad backen. Nach 80 Minuten den Deckel oder die Alufolie entfernen. Den Auflauf goldbraun backen. Form herausnehmen. Paßt zu gegrilltem Fleisch.

Macairekartoffeln

1,2 kg mehligkochende Kartoffeln
60 g Butter
Salz
weißer Pfeffer
40 g Butter zum Braten

- *Für 4 Personen*
- *Pro Portion: 400 kcal*

1 Kartoffeln unter fließendem Wasser abbürsten. Gut abtropfen lassen. Auf einem ungefetteten Blech in den vorgeheizten Backofen auf die mittlere Schiene schieben. 30 Minuten bei 240 Grad backen.

2 Das Blech herausnehmen. Kartoffeln noch heiß mit einem Messer schälen. Dann mit einer Gabel in einer Schüssel zerdrücken. Dabei Butter zufügen und mit Salz und Pfeffer würzen.

3 Die Hälfte der Butter in einer Pfanne erhitzen. Die Hälfte der Kartoffelmasse hineingeben. Etwas zusammendrücken. 3 Minuten goldgelb braten. Dann auf einen Deckel gleiten lassen. Mit der ungebratenen Seite nach unten wieder in die Pfanne geben. Noch 3 Minuten braten.

4 Kartoffelkuchen herausnehmen und warm stellen. Restliche Butter in der Pfanne erhitzen und einen weiteren Kartoffelkuchen backen. Beide auf einer Platte anrichten. Die Macairekartoffeln im ganzen oder auch in Stücke geteilt servieren. Paßt als Beilage zu Wildgerichten. *Abbildung siehe oben*

Kartoffel-Schokolade-Kuchen

FÜR DEN TEIG
3 mehligkochende Kartoffeln
50 g zartbittere Schokolade
125 g Butter
100 g Zucker
1 Päckchen Vanillezucker
1 Prise Salz
1 Msp. Ingwerpulver
1/2 TL gemahlener Zimt
2 Eier
75 g gemahlene Haselnüsse
150 g Mehl
1 TL Backpulver
4 EL Milch
Margarine zum Einfetten
Mehl zum Bestäuben

FÜR DIE GLASUR
1 Eiweiß
150 g Puderzucker
2 EL Kakao
3 EL Rum

- *Für 12 Stücke*
- *Pro Stück: 260 kcal*

1 Kartoffeln schälen, waschen und in eine Schüssel reiben. Soviel Wasser wie möglich herausdrücken. Beiseite stellen.

2 Schokolade ebenfalls reiben und in einem Schälchen beiseite stellen.

3 Butter, Zucker, Vanillezucker und Salz schaumig rühren. Die übrigen Gewürze hineingeben und nacheinander die Eier unterrühren.

4 Haselnüsse, Mehl und Backpulver mischen. Mehlmischung und Milch unterrühren. Zum Schluß Kartoffeln und Schokolade daruntermischen.

5 Eine 24 cm lange Kastenform einfetten und mit etwas Mehl bestäuben. Teig hineinfüllen und die Form in den vorgeheizten Backofen auf die mittlere Schiene stellen. 55 Minuten bei 180 Grad backen. Kuchen etwas abkühlen lassen und vorsichtig auf einen Kuchendraht stürzen.

6 Für die Glasur Eiweiß leicht verschlagen. Puderzucker und Kakao einrühren, dann den Rum dazugeben. Den noch warmen Kuchen damit reichlich überziehen. Vor dem Servieren den Kuchen in 12 Stücke teilen.

Mango-Kartoffel-Klöße mit Vanillesauce

500 g mehligkochende Kartoffeln, am Vortag gekocht
100g feines Weizenmehl, frisch gemahlen
1 Ei
2 Eigelb
100 g Fruchtzucker
50 g gemahlener Mohn
3 große, vollreife Mangos
40 ml Weißwein
2 EL Ahornsirup
Salz
200 g Butter oder Margarine
100 g Mohnsamen

FÜR DIE VANILLESAUCE
250 g Sahne
2 EL Eierlikör
ausgeschabtes Mark von 1 Vanillestange
4 Eigelb
30 g Fruchtzucker

- *Für 6–8 Personen*
- *Pro Portion bei 6 Personen: 870 kcal*

1 Die Kartoffeln schälen und durch die Kartoffelpresse drücken. Mehl, Ei, Eigelbe, 50 g Fruchtzucker und Mohn hinzufügen und alles mit den Händen zu einem glatten Teig verkneten. Zugedeckt 20 Minuten ruhenlassen.

2 In dieser Zeit die Mangos schälen. Das Fruchtfleisch von zwei Früchten erst in Spalten vom Kern lösen, dann in kleine Würfel schneiden. Die Fruchtwürfel unter den Kartoffelteig mischen. Das Fruchtfleisch der restlichen Mango sowie die Anschnitte mit dem Weißwein und dem Ahornsirup im Mixer pürieren und durch ein Sieb streichen.

3 In einem großem Topf reichlich Salzwasser zum Kochen bringen.

4 Butter oder Margarine in einer Pfanne bei schwacher Hitze schmelzen lassen und den restlichen Fruchtzucker sowie die Mohnsamen einrühren.

5 Für die Vanillesauce Sahne, Eierlikör und Vanillemark erhitzen. Eigelbe und Fruchtzucker in einer Metallschüssel über einem Wasserbad schaumig schlagen und dabei die heiße Sahnemischung hinzufügen. Bei schwacher Hitze so lange schlagen, bis die Sauce dickschaumig ist.

6 Aus der Kartoffelmasse kleine Klöße formen und im siedenden Salzwasser gar ziehen lassen, bis die Klöße an die Oberfläche schwimmen.

7 Mit einem Schaumlöffel herausheben, gut abtropfen lassen und in der Mohnbutter wälzen.

8 Mango- und Vanillesauce als Spiegel auf einen großen Teller gießen, mit einem Holzstäbchen ein Muster ziehen und die Klöße in die Mitte setzen.

Kartoffelkrapfen

500 g festkochende Kartoffeln
25 g Hefe
$^1/_8$ l Milch
100 g Butter
50 g Zucker
3 Eier
250 g Mehl
Salz
50 g gehackte Mandeln
50 g Rosinen

AUSSERDEM
Fett zum Ausbacken
Puderzucker
Zimt

- *Für 24 Stück*
- *Pro Stück: 184 kcal*

1 Die Kartoffeln waschen und in der Schale gar kochen. Gut abdampfen lassen, pellen und durch eine Kartoffelpresse drücken. Abkühlen lassen.

2 Die Hefe mit der Milch verrühren und an einem warmen Ort 15 Minuten aufgehen lassen.

3 Die Butter weich werden lassen und mit dem Zucker sahnig rühren. Nach und nach die Eier dazurühren und die Hefemilch daruntermischen.

4 Die Kartoffelmasse, das Mehl, 1 Prise Salz sowie die Mandeln und die Rosinen dazugeben. Alles zu einem glatten Teig verrühren.

5 Zugedeckt an einem warmen Ort weitere 30 Minuten gehen lassen.

6 In einer Ausbackform reichlich Fett erhitzen – etwa zwei Finger hoch. Von der Teigmasse mit einem Teelöffel walnußgroße Bällchen abstechen und im heißen Fett ausbacken (ungefähr 24 Stück).

7 Puderzucker mit Zimt vermengen und die Kartoffelkrapfen damit bestreuen.

International

Daß Kartoffeln typisch deutsch sind, ist eine irrige Meinung. Lernen Sie in diesem Kapitel die besten Rezepte unserer Nachbarn kennen. Und wenn Sie Ihren Speisezettel mit Gerichten aus der Schweiz, Italien, Spanien, Frankreich oder Schweden bereichert haben, geht die Reise weiter. Die Kartoffel ist weltweit so beliebt, daß wir Ihnen einige Spezialitäten aus Lateinamerika oder Asien nicht vorenthalten wollten.

Schweizer Rösti

1 kg vorwiegend festkochende Kartoffeln, am Vortag gekocht
4 EL Butterschmalz
Salz
schwarzer Pfeffer

- *Für 4 Personen*
- *Pro Portion: 230 kcal*

1 Die Pellkartoffeln abziehen und auf der groben Seite der Rohkostreibe raffeln. Das Butterschmalz in einer beschichteten Pfanne erhitzen.

2 Die Kartoffelschnitze mit Salz und Pfeffer würzen und in die Pfanne geben. Unter Wenden 10 Minuten anbraten. Dann die Kartoffelmasse mit einem Bratenwender fest zusammendrücken.

3 Mit einem Suppenteller bedecken und ohne Wenden bei mittlerer Hitze 20 Minuten braten, bis sich eine goldbraune Kruste gebildet hat. Die Rösti mit der Kruste nach oben servieren. Die Rösti passen zu Geschnetzeltem und anderen Fleischgerichten mit Sauce.

Ofentori

1 kg mehligkochende Kartoffeln
Salz
250 g Sahne
3 Eier
frischgeriebene Muskatnuß
100 g Schinken
250 g durchwachsener Speck
Butter oder Margarine zum Einfetten
1/2 Bund Schnittlauch

- *Für 4 Personen*
- *Pro Portion: 885 kcal*

1 Kartoffeln schälen. In kaltem Wasser gründlich waschen. Abtropfen lassen. In kochendes, gesalzenes Wasser geben. 20 Minuten kochen lassen. Abgießen und trockendämpfen.

2 Die Kartoffeln durch die Presse in eine Schüssel geben. Zwei Drittel der Sahne und alle Eier hineinrühren. Mit Salz und Muskat würzen. Schinken in 1 cm große Stücke schneiden und unter die Kartoffelmasse geben.

3 Speck fein würfeln. Die Speckwürfel in einer Pfanne 5 Minuten rösten.

4 Eine feuerfeste Form mit Butter oder Margarine einfetten. Ofentori hineinfüllen. Mit der restlichen Sahne begießen. Die Speckwürfel darüberstreuen.

5 Die Form in den vorgeheizten Backofen auf die mittlere Schiene stellen. 30 Minuten bei 180 Grad backen.

6 Schnittlauch waschen, trockentupfen und fein schneiden. Ofentori aus dem Ofen nehmen, Schnittlauch darüberstreuen und anschließend heiß servieren. Dazu passen gemischter Salat und geriebener Emmentaler. *Abbildung siehe unten*

Pizzoccheri

½ Weißkohl
300 g vorwiegend festkochende Kartoffeln
Salz
100 g Butter
2 Knoblauchzehen
2 Salbeistengel
200 g Vollkornnudeln oder Tagliatelle
100 g Pecorino oder Parmesan
weißer Pfeffer

- *Für 4 Personen*
- *Pro Portion: 579 kcal*

1 Den Kohl putzen, waschen und bis auf den Strunk in Streifen schneiden. Kartoffeln schälen und würfeln. Alles in einen Topf mit etwa 3 l siedendem Salzwasser geben und 15 Minuten garen.

2 Butter in einem Pfännchen erhitzen und geschälten Knoblauch mit gewaschenem Salbei darin langsam anbräunen.

3 Nudeln ins sprudelnde Wasser zum Kohl geben und darin bißfest garen.

4 Den Käse reiben. Knoblauch und Salbei aus der Butter nehmen.

5 Die Gemüse-Nudel-Mischung in ein Sieb abgießen und alles in eine vorgewärmte Schüssel füllen. Mit Pfeffer und Salz abschmecken.

6 Die Salbeibutter heiß darübergießen und mit Pecorino oder Parmesan bestreut servieren.

Gnocchetti piemontesi

1 kg mehligkochende Kartoffeln
Salz
150 g Mehl
½ TL frischgeriebene Muskatnuß
4 Eigelb
80 g Butter
Mehl zum Kneten

- *Für 4 Personen*
- *Pro Portion: 585 kcal*

1 Kartoffeln unter fließendem Wasser abbürsten. Mit Küchenpapier abtrocknen. Backblech dick mit Salz bestreuen. Kartoffeln darauf setzen.

2 Das Blech in den vorgeheizten Backofen auf die mittlere Schiene schieben. 45 Minuten bei 220 Grad backen.

Butter zum Beträufeln
50 g geriebener Parmesan

3 Kartoffeln herausnehmen und etwas abkühlen lassen. Dann abziehen und noch warm durch ein Sieb oder die Kartoffelpresse in eine große Schüssel drücken. In die Mitte eine Mulde drücken.

4 Mehl, Salz, Muskatnuß, Eigelbe und die Butter in Flöckchen in die Mulde geben. Mit bemehlten Händen zu einem Teig kneten.

5 In einem großen Topf Wasser mit Salz zum Kochen bringen. Mit zwei Teelöffeln vom Teig Nocken abstechen. Kartoffelnocken portionsweise im Wasser in 10 Minuten gar ziehen lassen. Das Wasser darf nicht mehr kochen, sonst zerfallen die Nocken.

6 Herausnehmen und auf einem Sieb abtropfen lassen. Warm stellen, bis alle Nocken fertig sind. Mit zerlassener Butter beträufeln und mit Parmesan bestreuen. Mit Tomatensauce servieren.

Kartoffelauflauf italienisch

1 kg Pellkartoffeln
500 g Blattspinat
1/4 l Wasser
Salz
3 Sardellenfilets aus der Dose
frischgeriebene Muskatnuß
4 EL geriebener Gouda
Margarine zum Einfetten
375 g saure Sahne

- *Für 4 Personen*
- *Pro Portion: 620 kcal*

1 Die gekochten Kartoffeln pellen und in Scheiben schneiden. Spinat putzen und waschen. 5 Minuten in kochendem Salzwasser sieden und auf dem Sieb abtropfen lassen.

2 Sardellenfilets hacken, mit Muskatnuß und geriebenem Gouda unter den Spinat mischen.

3 Eine Auflaufform einfetten. Spinat hineingeben. Darauf die Kartoffelscheiben legen. Salzen und mit der verquirlten Sahne begießen.

4 Im vorgeheizten Backofen auf der mittleren Schiene 20 Minuten bei 200 Grad backen.

Gemüsesuppe Mailänder Art

- 4 kleine Zucchini
- 3 kleine vorwiegend festkochende Kartoffeln
- 150 g grüne Bohnen
- 1 Schalotte
- 1–2 Knoblauchzehen
- 50 g Speck
- 1 Bund Petersilie
- 8 frische Basilikumblättchen
- 2 EL Butter
- 1 l Rinder- oder Gemüsebrühe
- Salz
- Pfeffer
- 3 EL Reis
- frischgeriebener Parmesan

- *Für 4 Personen*
- *Pro Portion: 270 kcal*

1 Blüten- und Stielansätze der Zucchini entfernen, die Früchte waschen und in kleine Würfel schneiden. Kartoffeln waschen, schälen und in ebenso kleine Würfel schneiden. Die Bohnen putzen, Fäden entfernen, Bohnen in Stücke brechen. Zucchini, Kartoffeln und Bohnen noch einmal waschen und in einem Sieb abtropfen lassen.

2 Schalotte und Knoblauchzehen schälen und fein hacken. Den Speck in kleine Würfel schneiden.

3 Die Petersilie und die Basilikumblättchen waschen. Die groben Stiele der Petersilie entfernen und die Kräuter fein hacken.

4 Die Butter in einem großen Topf zerlassen, Knoblauch, Schalotte und Speck zufügen und kurz anbraten. Das Gemüse hinzufügen und unter ständigem Rühren ebenfalls kurz schmoren lassen.

5 Die Brühe zugießen und mit Salz und Pfeffer abschmecken. Bei schwacher Hitze etwa 15 Minuten lang kochen lassen.

6 Den Reis hinzufügen und die Suppe so lange kochen, bis der Reis gar ist (ca. 20 Minuten). Dann die Kräuter unterziehen.

7 Die Gemüsesuppe sofort servieren. Dazu reichlich geriebenen Parmesan reichen.

Chou Farci

1 Wirsing (ca. 1 kg)
Salz
150 g Reis
2 Tomaten
3 Schalotten
1 Bund Petersilie
150 g Gruyère oder Parmesan
4 EL Butter
Pfeffer
1 l Fleischbrühe (Extrakt)
6 mittelgroße weiße Zwiebeln
6 vorwiegend festkochende Kartoffeln
Butterflöckchen zum Gratinieren

- *Für 6 Personen*
- *Pro Portion: 386 kcal*

1 Wirsing putzen, waschen und den ganzen Kopf in reichlich Salzwasser 15 Minuten garen.

2 Reis ebenfalls in siedendes Salzwasser geben und 15 Minuten gar ziehen lassen.

3 Tomaten mit heißem Wasser überbrühen, kalt abschrecken, häuten und hacken. Schalotten schälen, Petersilie waschen und trockenschleudern, beides hacken. Käse reiben.

4 Wirsing abgießen und abtropfen lassen. Die Blätter auseinanderbiegen, das feste Herz herausschneiden und hacken. Reis in ein Sieb abgießen.

5 Schalotten in einer Kasserolle mit Butter andünsten. Gehackten Kohl unter Rühren mitgaren, Petersilie und Tomatenfleisch, 120 g Käse und Reis untermischen. Mit Pfeffer und Salz abschmecken.

6 Die Füllung in den Wirsing geben. Die Blätter darüberschlagen und mit einem Faden zusammenbinden. Den Wirsing in einen großen Topf geben, heiße Brühe angießen und bei geringer Hitze köcheln lassen.

7 Zwiebeln und Kartoffeln schälen, letztere halbieren. Beides zum Wirsing in den Topf geben, eventuell Brühe nachfüllen, Deckel aufsetzen und etwa 20–30 Minuten garen.

8 Auf einer großen Platte den Kohl mit Kartoffeln und Zwiebeln umlegen. Mit restlichem geriebenem Käse bestreuen und Butterflocken darauf verteilen. 5 Minuten gratinieren. Die Brühe können Sie als Vorspeise reichen.

Spanische Tortilla

- *Für 4 Personen*
- *Pro Portion: 400 kcal*

6 große vorwiegend festkochende Kartoffeln
1 große Zwiebel
6 EL Olivenöl
8 Eier
Salz

1 Kartoffeln und Zwiebel schälen und in sehr dünne Scheiben schneiden.

2 In einer großen kunststoffbeschichteten Pfanne 4 Eßlöffel Öl erhitzen und die Zwiebelscheiben kurz darin anrösten. Die Kartoffelscheiben hinzufügen und salzen. Die Pfanne zudecken und die Kartoffeln weich rösten, dabei hin und wieder den Deckel abnehmen und wenden.

3 Die Eier mit etwas Salz sehr gründlich verquirlen. Die weichen Kartoffelscheiben mit einem Löffel zerteilen. Das Zwiebel-Kartoffel-Gemisch mit einem Schaumlöffel aus der Pfanne nehmen und unter die Eier mischen.

4 Das restliche Öl in der Pfanne erhitzen und die Ei-Kartoffel-Masse hineingießen. Unter Schütteln der Pfanne von der Unterseite goldbraun backen. Auf einen großen Teller gleiten lassen und wenden. Die zweite Seite bei leichter Hitze langsam goldgelb backen. Die Tortilla in vier Segmente teilen und auf vier Teller verteilen. Dazu paßt ein gemischter Salat aus Blattsalaten, Tomaten, Paprika, Zwiebeln und Oliven. *Abbildung siehe oben*

Kabeljau spanische Art

1 kleiner Kabeljau ohne Kopf oder das Schwanzende von einem Kabeljau (ca. 1,2–1,5 kg)
6 große vorwiegend festkochende Kartoffeln
4 mittelgroße Zwiebeln
1/2 TL getrockneter Majoran oder Oregano
Meersalz
schwarzer Pfeffer
8 EL Olivenöl
100 ml Weißwein
3 Knoblauchzehen
2 EL gehackte Petersilie
4 EL frischgeriebene Semmelbrösel

- *Für 4 Personen*
- *Pro Portion: 470 kcal*

1 Den Kabeljau waschen und mit Küchenpapier trockentupfen. Die Kartoffeln und Zwiebeln schälen und in sehr feine Streifen schneiden. Kräuter, Salz und Pfeffer hinzufügen und gründlich mit den Kartoffeln und den Zwiebeln vermischen.

2 Eine runde oder längliche Auflaufform (am besten aus Steingut) mit 4 Eßlöffeln Olivenöl ausgießen und das Kartoffel-Zwiebel-Gemisch gründlich darin wenden. Auf der mittleren Schiene im vorgeheizten Backofen bei 220 Grad 30 Minuten unter gelegentlichem Wenden hellgelb braten.

3 Das Gemüse flachstreichen und den mit Pfeffer und Salz gewürzten Fisch darauf legen. Mit etwas Öl beträufeln. Den Wein angießen und alles 15 Minuten bei 180 Grad garen.

4 Inzwischen die geschälten Knoblauchzehen fein wiegen und mit der Petersilie und den Semmelbröseln vermischen. So viel Öl unter Rühren hinzufügen, daß eine streichfähige Paste entsteht. Den Kabeljau gleichmäßig damit bestreichen und wieder in den Ofen geben. Bei 200 Grad weiterbacken, bis die Kruste braun und knusprig ist.

Baskischer Fischauflauf

1 Gemüsezwiebel
2 Knoblauchzehen
400 g mehligkochende Kartoffeln
2 rote Paprikaschoten
3 Fleischtomaten
10 schwarze, entkernte Oliven
600 g Fischfilet (z.B. Rotbarsch, Lengfisch, Kabeljau)
Salz
schwarzer Pfeffer
Saft von 1 Zitrone
1 TL geriebener Thymian
2 EL gehackte Petersilie
1/8 l Fischfond
2 EL Olivenöl
2 EL saure Sahne
1/2 TL Paprika, edelsüß

- *Für 4 Personen*
- *Pro Portion: 310 kcal*

1 Gemüsezwiebel und Knoblauch schälen, die Zwiebel – am besten auf dem Gurkenhobel – in hauchdünne Scheiben schneiden. Die Knoblauchzehen fein hacken. Die Kartoffeln waschen, schälen und in sehr dünne Scheiben schneiden.

2 Paprikaschoten waschen, halbieren, entkernen und in schmale Streifen schneiden. Die Tomaten blanchieren, häuten und in Scheiben schneiden, die Oliven vierteln oder halbieren.

3 Das Fischfilet gründlich waschen, mit Küchenpapier trockentupfen und in 2 cm breite Streifen schneiden. Mit Salz und Pfeffer würzen und mit Zitronensaft beträufeln.

4 Eine feuerfeste Auflaufform mit 4 Eßlöffel Öl ausstreichen und abwechselnd eine Schicht Kartoffeln, Paprika, Zwiebelringe, Tomaten, Oliven und Fisch hineingeben und so fortfahren, bis alle Zutaten verbraucht sind. Jede Lage mit Salz, Pfeffer, Thymian und Petersilie bestreuen. Mit Fischfond begießen und die Form mit Alufolie oder einem Deckel verschließen.

5 Den Auflauf in etwa 30–40 Minuten im vorgeheizten Backofen auf der mittleren Schiene bei 200 Grad garen. Nach etwa 20 Minuten die Folie abnehmen. Restliches Öl, saure Sahne und Paprika verquirlen und den Auflauf damit bestreichen. Ohne Abdeckung fertiggaren.

6 Den Fischtopf vor dem Servieren einige Minuten ruhenlassen.

Kartoffelklöße schwedisch

FÜR DIE KLÖSSE
1 kg mehligkochende Kartoffeln
Salz
120 g Mehl
1 Eigelb
2 EL Kapern
weißer Pfeffer

FÜR DIE FÜLLUNG
150 g durchwachsener Speck
2 Zwiebeln
1 EL Butter
1/4 TL Piment

AUSSERDEM
4 EL Preiselbeerkompott

Für 4 Personen
Pro Portion: 605 kcal

1 Kartoffeln unter fließendem Wasser abbürsten. In gesalzenem Wasser 30 Minuten kochen. Wasser abgießen. Kartoffeln abschrecken und abziehen.

2 Kartoffeln durch eine Presse oder ein Sieb in eine Schüssel geben. Abkühlen lassen. Mehl, Eigelb und abgetropfte Kapern darübergeben. Gut durchkneten. Mit Pfeffer und Salz würzen.

3 Gesalzenes Wasser in einem großen Topf aufkochen. Einen Probekloß von etwa 4 cm Durchmesser formen. Ins kochende Wasser geben und in 15 Minuten gar ziehen lassen.

4 In der Zwischenzeit für die Füllung den Speck würfeln. Zwiebeln schälen und sehr fein hacken. Butter in einer Pfanne erhitzen, Speck und Zwiebeln hineingeben und 10 Minuten bei mittlerer Hitze braten. Mit Piment würzen.

5 Aus dem Kartoffelteig mit bemehlten Händen Klöße von etwa 4 cm Durchmesser formen. In die Mitte ein Loch drücken. Etwas Füllung hineingeben und den Kloß wieder schließen.

6 Probekloß aus dem Wasser nehmen und prüfen. Wenn er gut ist, Wasser erneut aufkochen und die Hälfte der Klöße darin in 15 Minuten gar ziehen lassen.

7 Klöße herausnehmen. Abtropfen lassen. Auf einer vorgewärmten Platte anrichten und warm stellen, bis die restlichen Klöße gar sind. Mit Preiselbeerkompott garniert servieren. Paßt zu Wildgerichten oder geschmorten Pilzen.

Dänische Kartoffelpfanne

750 g vorwiegend festkochende Kartoffeln
100 g Frühstücksspeck
20 g Butter
150 g Krabbenfleisch
4 Eier
4 EL Milch
Salz
Pfeffer
½ Bund Schnittlauch

- *Für 4 Personen*
- *Pro Portion: 460 kcal*

1 Kartoffeln gut waschen. Ungeschält etwa 20 Minuten kochen. Pellen und in Scheiben schneiden.

2 Frühstücksspeck ebenfalls in dünne Scheiben schneiden und in der Pfanne auslassen. Butter zugeben. Darauf die Kartoffelscheiben legen.

3 Krabbenfleisch über die Kartoffeln verteilen. Etwa 15 Minuten schmoren. Hin und wieder vorsichtig umheben, damit sich keine Kruste bildet.

4 Eier mit Milch verquirlen. Kräftig mit Salz und Pfeffer würzen. Gewaschenen Schnittlauch hacken. In die Eiermilch geben. Über die Kartoffeln gießen und stocken lassen. Dazu Kopfsalat oder Feldsalat reichen. *Abbildung siehe oben*

Kartoffelpfannkuchen aus dem Iran

600 g mehligkochende Kartoffeln
Salz
2 Zwiebeln
8 EL Öl
4 Eier
weißer Pfeffer
je 1 Prise Kurkuma und Ingwerpulver

- *Für 4 Personen*
- *Pro Portion: 335 kcal*

1 Kartoffeln schälen, waschen und halbieren. In einem Topf mit Salzwasser bedeckt 25 Minuten kochen. Abgießen und ausdämpfen. Durch eine Kartoffelpresse in eine Schüssel drücken oder mit einem Stampfer pürieren.

2 Während die Kartoffeln kochen, Zwiebeln schälen. In 3 mm dicke Scheiben schneiden. 4 Eßlöffel Öl in einer Pfanne erhitzen, Zwiebeln unter häufigem Wenden darin braun braten. Über das fertige Püree geben. Nacheinander die Eier zufügen und unterrühren. Mit Pfeffer, Kurkuma, Ingwerpulver und Salz abschmecken.

3 Restliches Öl in der Pfanne rauchheiß erhitzen. Kartoffelpüree hineingeben. Mit einem Löffelrücken gleichmäßig in der Pfanne verteilen. Das Püree zugedeckt bei schwacher Hitze 5 Minuten braten. Es soll am Rand fest, in der Mitte noch feucht sein.

4 Deckel abnehmen. Das Püree mit einem Messer vom Pfannenrand lösen. Noch 2 Minuten braten. Dabei die Pfanne rütteln, damit der Pfannkuchen nicht ansetzt.

5 Den Pfannkuchen auf einen entsprechend großen Deckel gleiten lassen. Umdrehen. Bei Mittelhitze noch 4 Minuten braten.

Kolumbianisches Kartoffelgemüse

1 kg mehligkochende Kartoffeln

FÜR DIE SAUCE
1 Zwiebel
30 g Margarine
3 EL Mehl
1/2 l Milch
150 g geriebener Emmentaler
4 EL saure Sahne
2 Tomaten

- *Für 4 Personen*
- *Pro Portion: 520 kcal*

1 Kartoffeln unter fließendem Wasser abbürsten. In einem Topf mit Wasser bedeckt 25–30 Minuten kochen lassen. Abgießen, abschrecken, abziehen und zugedeckt warm stellen.

2 Während die Kartoffeln kochen, die Sauce zubereiten. Dazu Zwiebel schälen und in kleine Würfel schneiden. Margarine in einem Topf erhitzen, Zwiebelwürfel darin in 5 Minuten hellgelb braten. Mehl auf einmal hineingeben und 1 Minute durchschwitzen. Milch unter Rühren zugießen und 5 Minuten kochen lassen. Käse und Sahne unterrühren. Käse bei schwacher Hitze schmelzen lassen. Dabei hin und wieder umrühren.

3 Tomaten häuten. Stengelansätze und Kerne entfernen. Tomaten in Würfel schneiden. In die Sauce geben. Noch 2 Minuten erhitzen. Die heiße Sauce über die Kartoffeln gießen und servieren. Als Beilage zu Kurzgebratenem reichen.

Gemüsecurry malaysisch

200 g güne Bohnen
1/2 Blumenkohl
2 Möhren
2 vorwiegend festkochende Kartoffeln
2 frische Chilischoten
4 EL Kokosflocken

- *Für 4 Personen*
- *Pro Portion: 125 kcal*

1 Die Bohnen waschen, an den Enden kappen, entfädeln und schräg in Streifen schneiden. Den Blumenkohl waschen und in kleine Röschen teilen. Möhren und Kartoffeln schaben bzw. schälen

½ TL Chinagewürz
½ Becher Naturjoghurt
1 TL indischer Curry
1 EL Sesamsamen

und nach chinesischer Art schräg in Streifen schneiden. Die Chilischoten entkernen und in Ringe schneiden. Die Kokosflocken wässern.

2 Alle Gemüse in einem Topf mischen, mit Chinagewürz bestreuen, knapp mit heißem Wasser bedecken und aufkochen. Dann zugedeckt bei geringer Hitze 15 Minuten garen.

3 Vom Herd nehmen und die Kochflüssigkeit abgießen. Joghurt, abgetropfte Kokosflocken und Curry untermischen und auf der warmen Herdplatte 5 Minuten ziehen lassen, aber nicht kochen.

4 Die Sesamsamen in einer beschichteten Pfanne goldbraun rösten und über den Curry geben.

Abbildung siehe unten

Peruanische Ofenkartoffeln

8 mittelgroße vorwiegend festkochende Kartoffeln
250 g Salz

FÜR DIE FÜLLUNG
1 Zwiebel
200 g Champignons
40 g Butter
200 g gekochter Schinken
Salz
1/2 TL getrockneter, zerriebener Majoran
1/2 TL Cayennepfeffer

FÜR DIE SAUCE
200 g saure Sahne
1/2 Bund Schnittlauch
1/2 Bund Petersilie

- *Für 4 Personen*
- *Pro Portion: 455 kcal*

1 Kartoffeln unter kaltem Wasser gründlich abbürsten. Mit Küchenpapier abtrocknen.

2 Salz in eine Auflaufform mit einem Durchmesser von 24 cm geben. Kartoffeln darauf setzen und auf die Mittelschiene in den vorgeheizten Backofen schieben. 50 Minuten bei 200 Grad backen.

3 Für die Füllung die Zwiebel schälen und hacken. Champignons putzen und ebenfalls hacken. Die Hälfte der Butter in einer Pfanne erhitzen. Zwiebel darin in 5 Minuten hellgelb braten. Champignons dazugeben und 7 Minuten braten. Dann den in 1 cm große Würfel geschnittenen Schinken dazugeben. Weitere 3 Minuten unter Rühren braten. Mit Salz, Majoran und Cayennepfeffer pikant würzen.

4 Kartoffeln aus dem Ofen nehmen. Etwas abkühlen lassen und längs halbieren. Aus jeder Hälfte 1 Eßlöffel voll Kartoffelfleisch herauslösen. Davon die Hälfte mit einer Gabel zerdrücken. In die Füllung mischen.

5 Kartoffelhälften leicht salzen, Füllung in die Kartoffeln streichen. Restliche Butter in Flöckchen darauf verteilen. Kartoffelhälften auf das Backblech setzen und in den vorgeheizten Backofen schieben. 10 Minuten bei 220 Grad backen.

6 Für die Sauce saure Sahne in einer Schüssel schaumig rühren. Schnittlauch und Petersilie waschen und fein hacken. Unter die Sahne mischen. In eine Saucenschüssel füllen und zu den Ofenkartoffeln reichen.

Nepalesische Kartoffelküchlein

1 kg mehligkochende Kartoffeln
Salz
2 Zwiebeln
2 Eigelb
1 Bund Petersilie
1 kleine grüne Paprikaschote
1 eingelegte rote Paprikaschote
1 TL Paprika edelsüß
weißer Pfeffer
6 EL Öl

- *Für 4 Personen*
- *Pro Portion: 365 kcal*

1 Kartoffeln schälen und waschen. In einem Topf mit gesalzenem Wasser bedeckt 20 Minuten kochen. Wasser abgießen, Kartoffeln trockendämpfen. Kartoffeln durch eine Presse in eine Schüssel drücken.

2 Zwiebeln schälen und auf die Kartoffeln reiben. Mit 1 Eigelb in die Kartoffelmasse rühren.

3 Petersilie waschen und hacken. Grüne Paprikaschote halbieren, putzen und in 1 cm große Würfel schneiden. Rote Paprikaschote abtropfen lassen und ebenfalls fein würfeln. Petersilie und Paprikaschoten mit den Gewürzen zu den Kartoffeln geben. Gut verrühren.

4 Aus dem kalten Teig handtellergroße Küchlein formen. Auf ein mit Alufolie bedecktes Brett legen. Restliches Eigelb verschlagen. Oberseite der Küchlein damit bestreichen.

5 In einer großen Pfanne 3 Eßlöffel Öl heiß werden lassen. Küchlein mit der Eiseite hineingeben und in 3 Minuten knusprig braun braten. Vor dem Wenden wieder mit Ei bestreichen. Dann die zweite Seite braten.

6 Küchlein herausnehmen. Abtropfen lassen und auf einem Backblech in dem auf 75 Grad erhitzten Backofen warm stellen, bis alle Küchlein gebraten sind.

7 Bevor die neuen Küchlein in die Pfanne kommen, jeweils 1 Eßlöffel Öl zugeben und erhitzen. Fertige Küchlein warm halten.